노인으로
산다는 것

이 책은 출간 과정에서 프랑스 문화원 출판지원 프로그램의 도움을 받았습니다.

노인으로 산다는 것

초판 1쇄 인쇄 2014년 4월 18일
초판 1쇄 발행 2014년 5월 01일

지은이 | 조엘 드 로스네, 장 루이 세르방 슈레베르, 프랑수아 드 클로제, 도미니크 시모네
옮긴이 | 권지현

펴낸곳 | 계단
펴낸이 | 서영준
출판등록 | 제25100-2100-283호
주소 | 서울시 마포구 독막로31길 17
전화 | 02-712-7373
팩스 | 02-6280-7342
이메일 | paper.stairs1@gmail.com

값은 뒤표지에 있습니다.
ISBN 978-89-98243-02-9 03330

이 도서의 국립중앙도서관 출판시도서목록(CIP)은 e-CIP홈페이지(http://www.nl.go.kr/ecip)와 국가자료공동목록시스템(http://www.nl.go.kr/kolisnet)에서 이용할 수 있습니다.
(CIP제어번호: CIP2014011977)

노인
으로
산다는 것

계단

2부
정신

노년은 길다.
절대 일찍 시작할 필요가 없다.

마크 트웨인

우리는 아주 멋진 선물을 받았다. 수명이 길어지면서 삶 하나를 덤으로 받은 것이다. 선진국 국민은 15~20년을 더 살 수 있는 보너스를 받았고, 그 기간은 머지않아 더 늘어날 것이다. 그뿐만이 아니다. 보너스로 주어진 제2의 삶을 건강하게, 활력 넘치게 보낼 수 있게될 것이다.

기왕이면 거창하게 말해보자. 우리가 이 책에서 논할 것은 '혁명'이다. 그것은 우리의 몸, 우리의 행동, 우리의 사고방식뿐 아니라 사회의 무게 중심을 바꾸고, 우리 자식의 미래, 그 자식이 낳은 자식들의 미래까지 계속적으로 변화시킬 진정한 혁명이다. 또 젊었든 늙었든 우리 모두와 직접 관련이 있는, 인류 역사의 거대한 변화 중 하나다.

장수longevity라는 혁명은 우리가 제대로 인식하지 못하는 사이에 시작되었다. 지난 수십 년 간 한 해, 두 해, 수명은 계속 늘어났다. 과학과 의학의 놀라운 발전으로 우리는 다스릴 수 없었던 질병들을 이제는 제어할 수 있게 되었다. 우리의 생활방식과 식습관은 크게 바뀌었고, 환경에 대한 우리의 관심도 한층 늘었다. 개별적으로 발생해서 느끼기 힘들었던 변화들이 한데 모여 일으킨 가장 큰 변화는, 기대수명을 크게 연장시켰다는 것이다. 100년 전만 해도 프랑스인의 기대수명은 겨우 49세였다. 현재 프랑스 여성의 기대수명은 84세, 남성의 기대수명은 77세다. 평균이 그렇다는 것이다. 그런데 그게 다가 아니다. 4년마다 기대수명은 1년씩 꾸준히 증가하고 있다. 계산기를 한 번 두들겨 보라. 지금 태어나는 아이들을 다른 눈으로 보게 될 것이다. 신생아 2명 중 1명은 100세 이상 장수할 것이다.

좋아지는 것은 우리의 기대수명만이 아니다. 우리 몸의 활력도 좋아진다. 지금까지 우리의 삶은 세 시기로 나뉘었다. 아동기(성장의 시기), 성인기(활동의 시기), 그리고 노년기(퇴화의 시기)다. 얼마 전 여기에 청소년기가 추가되었다. 고대 이집트의 연표에 등장하는 표현을 빌자면 청소년기는 '제1중간기'다. 그런데 새로운 전환기가 나타났다. 성인기와 노년기의 중간인 60~75세를 제2중간기로 보는 것이다. 제2중간기는 제1중간기 못지않은 혼란의 시기다.

이 새로운 연령대를 이끄는 사람들은 60대와 70대의 노인들이다. 기운이 넘치는 노인들은 사춘기 때처럼 유유낙낙이다. 머리가 희끗희끗한 관광객 무리가 연장된 노년을 즐기는 모습도 심심치 않게 눈에 띈다. 그들은 그렇게 시간적 여유를 누린다.

하지만 이런 모습은 개인에게는 반가운 소식일지 몰라도, 사회에는 재앙이 아닐 수 없다. 할머니 할아버지들이 세대간에 형성된 취약한 사회경제적 균형을 박살내면서 전례 없는 위기를 초래하고 있기 때문이다. 장수라는 아름다운 선물은 시한폭탄이나 다름없다. 그리고 그 시한폭탄은 이제 막 터지려 하고 있다.

우리가 이 책에서 이야기 하려는 것은 세 가지 측면에서 바라본 장수라는 혁명의 모순이다.

첫 번째 측면

조엘 드 로스네와 함께 몸의 노화를 살펴본다. 오랫동안 우리는 노화를 인간의 운명으로 받아들였다. 피할 수 없는 노화의 비밀은 아직 충분히 파헤쳐지지 않았다. 하지만 몇 년 전부터 과학자들은 몸의 노화를 주관하는 메커니즘을 하나씩 밝혀내고 있다. 노화의 비극은 우리의 신체기관 속에서, 세포 속에서, 그리고 유전자 속에서, 마치 점점 커지는 소음처럼 일어난다는 것을 알게 되었다. 우리 몸에도 녹이 슨다. 새로운 지식을 얻게 된 과학자들은 이제 죽음을 늦추는 방법을 배우기 시작했다.

인간은 왜 늙는 것일까? 늙으면 우리 몸 속에서는 무슨 일이 일어나는가? 어떻게 하면 노화를 늦출 수 있는가? 장수의 비결은 무엇인가? 생화학자이자 파리 과학산업단지Cite des Sciences et de l'Industrie의 고문으로 활동 중이며 여러 과학책을 쓴 저자이기도 한 조엘 드 로스네는 늘 한 발 앞선 기술과 아이디어의 소유자였다. 그는 이 책에서 노화에 관해 밝혀진 사실들을 모두 훑어보고, 노인뿐만 아니라 모든 독자에게 건강한 몸을 유지하기 위한 최신의 가이드를 제공할 것이다. 가장 최근의 과학적 발견들이 우리의 식습관과 생활방식에 대한 상식 수준의 조언이나 대대로 전해 내려오는 비법들과 매우 흡사하다는 걸 알게 되면 크게 놀랄 것이다.

조엘 드 로스네는 가장 위대한 발견은 우리에게 달려 있다고 말한다. 장수는 우리 손에 달려 있다는 것이다. 우리는 오래 살 수 있는 기회를 갖기 위해 우리 몸에 영향을 미칠 수 있는 힘을 갖고 있다. 그것은 시작에 불과하다. 우리의 희망을 훨씬 웃도는 의학 혁명과 기술 혁신은 이미 시작되었고, 우리에게 수리와 교체, 혹은 변형된 몸을 약속했다. 미래에 우리는 100세 이상 장수할 것이다. 그것은 과연 좋은 일일까, 나쁜 일일까?

두 번째 측면

장 루이 세르방 슈레베르와 함께 마음을 살펴본다. 마음이 함께 하지 않으면 육체는 아무것도 할 수 없다. 젊음을 유지하는 것 또한 선택이다. 덤으로 얻은 삶의 한 조각은 노화가 아니라 활력이라는 보너스이기 때문이다. 그 보너스를 성인의 완전한 능력으로 소비하는 일은 가능하다. 새로운 노년은 발견해야 할 아메리카이고, 60세 너머에 감춰져 있는 미지의 대륙이다. 그곳에서 모험을 하려면 오래 전부터 준비를 해야 한다. 좋은 설비와 도구로 무장해야 하는 것은 물론이고, 훈련뿐만 아니라 새로운 행동 방식도 갖춰야 한다.

제2중간기를 어떻게 보내야 할까? 타인의 시선을 어떻게 마주할까?

가족에게 짐이 되지 않고 오래 살 수 있는 방법은 무엇일까? 잡지를 발행하면서 작가이기도 한 장 루이 세르방 슈레베르는 우리 시대의 현자다. 그는 순간의 쾌락과 경험의 엄중함 사이에서 균형을 잡을 줄 아는 흔치 않은 사람이다. 그는 이 책에서 새로운 대륙을 향해 항해하는 데 필요한 모든 요소들을 자세하게 설명할 것이다.

그에게 장수란 삶의 기술이자 스타일이고 철학이다. 그것은 행동하지 않고 신음하며 잠들어 있는 젊은이들을 고약한 보수주의자로 만드는 사회의 거짓된 가치들에 저항하는 것이다. 호기심을 갖고 항상 행동하며 관심을 갖고 역동적으로 사는 것이다. 나이가 많든 적든 결국 삶에 충실해야 하는 것이다.

세 번째 측면

프랑수아 드 클로제와 함께 노화와 관련된 사회 문제를 살펴본다. 동전에는 늘 양면이 있기 마련이다. 개인은 장수를 누릴지 몰라도 그가 속한 공동체는 고전할 수 있다. 프랑스를 포함한 많은 국가들에서 수명이 늘어나면서 퇴직하고 일선에서 물러난 사람들이 증가하게 되었다. 퇴직자들은 연금을 받는다. 다시 말해서 일할 수 있는 능력은 아직 그대로인데 경제활동을 면제받는 것이다. 이는 큰 실수다. 그 대가를 치러야 할 사람들은 협상 테이블에 없었던 우리의 후손이기 때문이다.

기력은 넘치면서도 아이들에게 업혀서 무위의 권리를 획득한 노인 군단을 어떻게 해야 할까? 그들은 미래 세대에게 어떤 영향을 미칠

까? 장수라는 폭탄의 뇌관을 어떻게 제거해야 할까? 방송인이자 작가인 프랑수아 드 클로제는 프랑스 사회를 예의주시하는 감시자로, 문제가 발생하는 것을 가장 먼저 알아채고 경고한 사람이다. 이번에도 그는 수평선 저편에 거대한 암초가 기다리고 있고, 그 암초를 향해 우리가 달려가고 있음을 보았다. 우리는 그 암초에 정면으로 부딪히고 난 뒤에야 움직일 것인가?

프랑수아 드 클로제는 프랑스가 가장 큰 위기에 봉착해 있다고 주장한다. 프랑스는 정년을 계속 낮추었고, 경제활동 기간을 축소했으며, 노동의 가치를 떨어뜨렸다. 장수는 다가오는 태풍의 속도를 더욱 빠르게 하고 있다. 선입견은 버리고 기득권을 경계하는 것이 급선무다. 여기에서 우리는 현실을 똑바로 직시할 것을 촉구한다. 상식이 점점 낯설어지는 것이 바로 요즘 세상이다.

고령화 문제에 가장 열변을 토한 사람은 조엘 드 로스네였다. 나는 놀라지 않을 수 없었다. 그의 말에 따르면 뭔가 중요한 사건이 벌어질 참이었다. 나는 주저하지 않았다. 장 루이 세르방 슈레베르, 프랑수아 클로제와 함께 우리는 책을 펴내기로 했다. 우리는 솔직하게 말하기, 예민한 문제를 피하지 않기, 누구나 이해할 수 있는 말로 설명하기 등 몇 가지 원칙을 정했다. 새로운 노년으로 막 접어든 세 명의 전문가와 문외한의 역할을 기꺼이 떠맡은 호기심에 찬 한 명의 질문자, 이렇게 네 명이 기분 좋게 그리고 믿음을 가지고 이 여행을 시작한 것이다.

앞으로 보게 되겠지만 세 명의 전문가는 이구동성으로 말한다. 개인의 바람과 공동체의 제약을 양립시키는 일은 가능하다. 장수가 새로운 불평등을 만들어내는 것이 아니라 모두에게 이롭도록 하는 일, 진정한 발전인 인류의 행복에 기여하도록 하는 일은 가능하다. 다만 우리의 의지가 있어야 한다. 우리가 이 책에서 촉구하는 바는 바로 사고방식의 진정한 혁명이다.

왜 장수인가? 출생 이전과 죽음 이후라는 두 개의 무無 사이에서 왜 우리는 추가로 시간을 얻은 것인가? 최후의 시간을 늦추는 것은 무슨 소용이 있는가? 어쩌면 그것은 우리가 무기를 내려놓고 항복하기 전에, 우리 안에 내재되어 있는 자연이라는 적에게 최후의 야유를 보내기 위해서인지도 모른다. 하지만 달리보면 지혜를 쌓고 더욱 문명화되기 위해서인지도 모른다(아직 갈 길은 멀다). 어쨌든 그 선물에 우리는 의미를 부여하고 그것을 함께 나누는 것을 배워야 한다. 그것은 민주주의가 해결해야 할 새롭고도 아름다운 도전이기도 하다. 여러분 모두 건강한 삶과 장수를 누리기를 기원해 본다.

도미니크 시모네

1부

몸

1장.
인간은 왜 늙는가?

노화의 비극은 우리 몸의 장기, 세포, 유전자에서 진행된다. 노화는 마치 점점 커지는 잡음처럼 우리 몸의 기능을 교란시켜 우리를 천천히 쇠퇴의 길로 안내한다.

도미니크 시모네 최근 과학의 혁명이라 불러도 과언이 아닐 만한 현상이 시작되었습니다. 과학자들이 노화 현상을 이해하고, 더 나아가 노화에 대응하는 방법을 발견하고 있습니다. 머지않아 인간이 스스로 운명을 좌우할 수 있으리라고 생각하십니까?

조엘 드 로스네 결론부터 말하지요. 노화는 그 누구도 막을 수 없습니다. 인간이 불멸의 존재가 될 수 있으리라고 생각하는 과학자는 단 한 명도 없을 겁니다. 우리가 살고 있는 지구에서 죽음은 삶에 꼭 필요합니다. 원자와 분자를 비롯해 모든 것은 순환합니다. 오래된 생명체가 죽지 않으면 새로운 생명체는 성장할 수 없습니다. 그것이 자연의 법칙입니다. 노화는 모든 생물에게 공통적으로 나타나는 현상입니다. 인간은 노화를 멈출 수 있는 방법을 알지 못합니다. 하지만 우리는 노화라는 현상에 대해 점점 더 많은 것을 알아가고 있고, 노화를 늦추기 위해 개입하기 시작했습니다. 노화에 관한 한, 우리는 과학뿐만 아니라 사회경제적으로도 대혁명의 문턱에 와있습니다.

─ 그 혁명은 어디에서 시작되나요?

혁명은 모든 분야에서 시작되고 있습니다. 발생학, 면역학, 유전학, 신경생물학, 심리학을 가리지 않지요. 지금까지 우리는 신체의 기능을 따로따로 연구했습니다. 신경생물학자는 신경계를 연구했고, 면역학자는 면역체계를 연구했습니다. 또 내분비학자는 내분비계통을 연구했지요. 이처럼 서로 소통이 적었던 분야들이 이제 대화를 하기 시작했습니다. 과학자들은 더 이상 몸과 마음, 육체와 정신을 연결해서 생각하는 데 주저하지 않습니다. 생활 방식과 환경이 노화에 미치는 영향에도 관심을 갖기 시작했습니다. 암과 에이즈 연구에 대한 투자도 성과를 거두고 있지요. 에이즈 바이러스가 면역 체계를 파괴하면 조로 현상이 일어난다는 것과, 암도 노화와 관련된 질병이라는 것이 밝혀졌습니다. 한편 기술의 발달로 생체이식칩, 모노클론 항체, DNA 탐침법 등 새로운 치료법들이 속속 개발되고 있습니다. 말하자면 그 덕분에 여기저기 흩어져 있던 정보들을 연결할 수 있게 되었고, 노화에 관한 보다 포괄적인 접근법의 밑그림을 그릴 수 있게 된 것입니다. 과학자들은 더 이상 노화의 증상에 연연하지 않고 그 원인에 관심을 갖기 시작했습니다.

기름때 낀
카브레터

그렇다면 카메라의 줌을 당겨서 노화가 진행 중인 우리 몸을 한번 들여다볼까요? 오랫동안 타고 다닌 자동차에 기름때가 끼고, 녹이 슬고, 고장이 나는 것처럼 우리 몸도 그런가요?

그런 셈입니다. 우리 몸은 입으로 삼키거나 코로 들이쉰 많은 양의 물질들을 흡수하고 처리합니다. 그중에서 일부는 변환하여 축적하고, 나머지는 몸 밖으로 배출하지요. 세월이 흐르면 어떤 기관은 기능이 점점 떨어지는 것을 느낄 수 있습니다. 폐의 세기관지는 섬모가 아무리 먼지를 제거하고 담배의 타르가 들러붙지 않게 관리해도 시간이 지나면 자연히 막히게 되어 있습니다. 마흔 살이 되면 신장에도 때가 끼기 시작합니다. 자동차 카브레터 필터에 기름때가 끼는 것과 마찬가지입니다. 그렇게 되면 오염물질이 잘 걸러지지 않겠지요. 뼈의 내부 구조도 약해져서 골다공증이 생깁니다. 또 나이가 들면 근육도 단백질 변형으로 탄력을 잃습니다. 이런 퇴화를 막는 방법을 우리는 이미 잘 알고 있습니다. 바로 운동이지요. 운동으로 성장 호르몬 분비를 증가시키면 근육양을 유지할 수 있습니다. 머지않은 미래에 신체기관에 낀 때를 벗겨내고 장기를 새 것으로 교체할 수 있는 날이 올 것입니다. 여기에 대해서는 뒤에 다시 언급하기로 하고, 운동과 음식이 장기의 자연적인 노화를 줄이는 데 매우 중요하다고만 해두지요.

─ 뇌도 퇴화하지 않습니까?

뇌는 좀 특별한 경우입니다. 나이가 들면 뉴런 연결도 일부 끊어지고 뇌의 능력도 일부 소실됩니다. 기억력 훈련을 규칙적으로 하지 않으면 기억력이 떨어지지 않습니까? 그런데 뉴런의 수는 줄어도 뉴런과 뉴런의 연결은 계속 됩니다. 그건 여든 살에도 여전합니다. 물론 뇌를 계속 써야 가능한 일이죠. 우리 뇌에는 1000억 개의 뉴런이 있는데, 뉴런 한 개가 다른 뉴런 1000개와 연결되어 있습니다. 그 연결을 시냅스라고 하는데요, 계산해보면 시냅스가 100조 개나 됩니다. 뉴런을 감싸고 있는 신경교세포라는 것이 있는데, 뉴런에 영양을 공급하고 오염물질을 제거하는 역할을 합니다. 뉴런과 신경교세포는 일종의 통신 시스템이라고 할 수 있습니다. 뉴런은 유선 전화망과 비숫하고, 신경교세포는 휴대전화에 사용되는 무선 통신망을 닮았습니다. 향수 냄새가 난다고 가정해보지요. 냄새를 맡자마자 코에 있는 수용기는 무선 신호를 내보냅니다. 그 신호는 신경교세포를 거쳐 뇌 전체로 전달됩니다. 잠들어 있던 뉴런을 깨워 뉴런에 신호를 보낼 수 있도록 하는 것이지요. 그러면 향수 냄새를 맡고 언젠가 그 향수를 좋아했던 여자를 떠올리게 되는 것입니다.

— 로맨틱하네요. 그래서 뇌에 관해서는 어떻게 하면 될까요?

뉴런은 질문을 많이 던질수록, 호기심이 많을수록, 삶의 기쁨을 느낄수록 활발하게 움직이고 뉴런간의 연결도 지속적으로 일어나고 뇌도 튼튼해집니다. 그러니까 지적으로 육체적으로 활발하게 움직이면 노화를 막을 수 있습니다. 뇌는 끊임없이 조직을 재정비합니다. 책을 읽을 때, 피아노 칠 때, 기계를 만질 때, 차를 운전할 때, 컴퓨터나 인터넷을 사용할 때마다 매번 달라집니다. 뇌는 이렇게 새로운 기능을 만들어내고 가장 적절한 답을 찾아냅니다. 말하지만 '더 똑똑해지는' 것입니다. 참고로 생선기름에 많이 들어있는 오메가3는 신경교세포의 건강과 시냅스 연결에 상당히 중요한 역할을 합니다. 학습 능력과 기억력을 증진시키고 우울증에 걸릴 확률을 낮춥니다. 먹는 것이 얼마나 중요한지 다시 한 번 확인할 수 있는 부분입니다.

생명의 심지, 텔로미어

— 줌을 좀 더 당겨볼까요? 이제 세포들을 살펴봅시다.

이 분야에서 이루어진 발견들은 참 놀랍습니다. 세포를 본격적으로 연구하기 시작한 것은 1950년대 분자생물학이 발전하기 시작하면서부터입니다. 분자생물학의 발전은 1965년 노벨상을 수상한 프랑스의 자크 모노, 앙드레 르보프, 프랑수아 자콥의 공헌에 힘입은 바 큽니다. 그 뒤를 이은 생물학자들은 아주 단순한 생물들을 연구했습니다. 예를 들어 대장균은 하나의 세포로 이루어져 있어 전 세계 연구자들의 실험 대상이 되었습니다. 대장균보다 조금 더 복잡한 생명체인 초파리, 그리고 예쁜꼬마선충이라는 귀여운 이름을 가진 작은 벌레도 연구 대상이 되었습니다. 예쁜꼬마선충은 세포 하나하나, 유전자 하나하나를 모두 파헤쳐서 완전한 유전자 지도가 완성되었습니다. 예쁜꼬마선충은 길이 1밀리미터, 직경 0.1밀리미터의 둥근 벌레인데, 몸이 투명해서 내장, 근육, 신경계, 소화기관, 생식기관을 훤히 들여다볼 수 있지요. 선충의 몸은 약 1000개의 세포로 구성되어 있고, 6개의 염색체와 1만 9000개의 유전자를 갖고 있습니다. 유전자 각각의 역할이 모두 규명되어 있고, 유전자 변형이 선충의 행동과 수명에 미치는 영향을 연구 중입니다.

— 이렇게 작은 생명체를 연구해서 무엇을 알 수 있었나요?

그보다 먼저 세포 분열의 미스터리를 풀어야 했습니다. 1960년대 초에 미국의 두 과학자[1]가 세포의 진화를 가장 초기 단계인 배아 상태부터 관찰했습니다. 세포는 분열해서 피부 세포로 분화했습니다. 세포가 여러 번 자기복제를 거쳐 조직으로 분열되었고, 50여 차례의 분열이 끝나면

[1] Leonard Hayflick and Paul Moorehead, "The serial cultivation of human diploid cell strains", *Exp. Cell Res.* Dec 1965, 25, pp.585-621.

더 이상 증식하지 않았습니다. 마치 심지가 다 타버리면 촛불이 꺼지 듯이, 세포도 분열을 멈추도록 미리 프로그램된 것 같았습니다. 초의 심지에 대한 비유는 참 적절하지요. 1980년대 말에 생물학적인 '심지[2]를 찾았으니까요. 그것은 나선 모양의 염색체 끝에 있는 DNA 조각들입니다. '텔로미어'라고 하지요. 세포가 분열할 때마다 텔로

2 특히 캐나다 맥매스터 대학의 캘빈 할리와 2009년 노벨생리의학상을 수상한 캘리포니아 대학 샌프란시스코 캠퍼스의 엘리자베스 블랙번의 연구가 기여한 바 크다.

미어의 끝부분이 효소에 의해 잘려나갑니다. 텔로미어가 모두 잘려나가면 세포는 더 이상 분열하지 않습니다. 그렇게 되면 시간이 흘러도 조직을 구성하는 세포는 더 이상 달라지지 않습니다. 이렇게 재생이 더 이상 이루어지지 않으면 조직의 노화가 일어납니다. 그래서 과학자들은 쾌재를 불렀지요. 드디어 노화의 수수께끼를 풀 열쇠를 갖게 되었군! 세포 분열을 막는 방법을 알게 되면 분열 과정에 개입해서 조직을 다시 젊게 만들 수 있을지도 모르니까요.

— 그게 말처럼 쉽지 않았을 것 같은데요.

그렇죠. 생물학적 차단기가 매번 작동하는 것은 아니었습니다. 신체의 모든 세포에 적용될 수 있는 이론도 아니고요. 그 규칙을 벗어나는 세포도 있어서 자기복제를 하는데 죽지 않기도 합니다. 예를 들어 적혈구를 만들어내는 골수세포는 죽지 않습니다. 그리고 최근 연구에 따르면 뇌에도 분열을 계속하는 세포가 있고 배아 상태의 세포도 관찰됩니다. 암 세포도 자기복제를 하는데 다만 그 속도가 엄청나게 빠른 것이지요. 효소로 텔로미어를 계속 만들어내는 것입니다. 실험실에서 무한 복제를 거듭하는 세포를 만들어낼 수도 있습니다. 성장

호르몬이나 비타민 등을 첨가하는 방법이 있지요.

─ 우리가 잘못 짚었던 건가요?

우리가 주목해야 할 것은 유기체의 발달 과정에서 세포 분열을 멈추게 하는 생물학적 차단기가 있다는 것입니다. 그러나 노화는 훨씬 더 복잡한 과정이지요. 적어도 자기복제를 멈춘 세포가 노화의 전부를 설명해주는 것은 아니라는 말입니다.

산화되어 녹스는 몸

─ 그렇다면 세포에서 한 단계 더 내려가 분자들을 살펴볼까요?

분자 단계에서는 세포 안에 대량으로 존재하는 미토콘드리아와 관련된 발견을 했습니다.

─ 생물학 수업 시간이 어렴풋이 떠오르네요. 미토콘드리아라면 에너지를 만들어내는 작은 주머니처럼 생긴 게 아니었던가요?

맞습니다. 세상에서 가장 작은 발전소지요. 음식에서 섭취한 영양분(아미노산, 지방, 탄수화물)을 연소시켜 세포에 연료인 아데노신삼인산ATP, Adenosine Triphosphate을 공급하는 것이 미토콘드리아입니다. 지구상의 모든 생명체는 이 연료를 사용합니다. 우리가 활동하고, 움직이고, 에너지를 많이 필요로 하는 뇌를 사용할 때면 언제나 이 연료를 사용합니다. 연료를 생산하기 위해 미토콘드리아는 산소를 필요로 합니다. 산소는 적혈구가 운반해옵니다. 하지만 보일러는 오염이 발생하기 마련이듯 탄수화물은 이산화탄소, 수증기, 그리고 위험한 프리라디칼free radical로 변합니다.

— 프리라디칼은 세포에 왜 위험한가요?

프리라디칼은 짝을 짓지 않은 활성 전자를 가지고 있어 불안정한 물질입니다. 반응성이 커서, 다른 분자와 만나면 활발하게 반응을 하죠. 그러면 연쇄반응이 일어납니다. 멀쩡한 분자가 '공격'을 당하면 프리라디칼로 변해서 다른 분자를 공격합니다. 이 연쇄반응이 일어나면 세포막의 투과성이 떨어집니다.[3] 그렇게 되면 주위에 있는 세포들과 교류를 제대로 할 수 없게 됩니다. 마치 산소로 인해 부식이 일어나 '녹'이 슨 것처럼 말이지요.[4]

— 녹슨 세포들이 고장을 일으키는군요.

그렇습니다. 세포라는 기계가 빨리 돌아갈 수록 오염도 많이 발생합니다. 사람도 마찬가지로 운동을 지나치게 많이 하면 신경도 날카로워지고 오염물질(담배, 나쁜 식습관)도 더 많이 흡수하게 됩니다. 카브레터가 고장난 자동차처럼 우리 몸의 미토콘드리아도 프리라디칼을 더 많이 만들어냅니다. 그것을 '산화스트레스oxidation stress'라고 합니다. 나이가 들면 미토콘드리아도 노화되어 충분한 에너지를 만들어낼 능력을 상실합니다. 그렇게 되면 세포의 노화가 일어나 쉽게 피로를 느끼며 뇌 활동이 저하해 기억력도 감퇴합니다.

[3] 1950년대 말 미국 내브라스카 대학의 덴험 하먼이 제안한 이론. "Ageing : a theory based on free radical and radiation chemistry", *J. Gerontol.*, 1956, 2, p.298-300.
[4] 미국 캘리포니아 대학 버클리 캠퍼스의 브루스 에임스의 연구.

– 세포가 일하는 속도가 지나치게 빠르거나, 혹은 일을 제대로 할 수
없으면 과열되고 부식되어 녹이 슨다는 말이군요. 그렇다면 세포의
산화가 노화의 원인입니까?

그렇다고 볼 수 있습니다. 세포는 화학적 신호를 주고받으면서 서로
소통합니다. 이 화학적 신호가 단백질과 특정 효소를 생산하게 만듭
니다. 그런데 때가 낀 세포막에 의해 신호가 교란되면 세포가 제대
로 기능하지 못해 단백질이 제대로 형성되지 못하고, 결국 기능 이상
이 연쇄적으로 발생하게 됩니다. 이것은 우리 몸에 있는 피부 세포,
간 세포, 뉴런 등 모든 세포에 해당되는 얘기입니다. 그러다가 온몸
이 영향을 받게 되는 것이지요.

– 몸이 점점 죽어가는 것이군요.

그래서 세포의 신진대사를 줄이는 게 좋습니다. 적게 먹는 것도 하
나의 방법이지요. 섭취하는 열량을 줄이는 것입니다. 이 문제는 뒤
에 가서 더 살펴볼 겁니다. 일반적으로 몸집이 작으면 신진대사도 빨
라서 빨리 늙고 빨리 죽습니다. 생쥐는 100주 정도 삽니다. 몸무게가
20~30그램 정도 밖에 되지 않지만, 심장은 아주 빨리 뛰지요. 죽을
때까지 15억 번 정도 뜁니다. 고래는 수명이 100년이나 되고 몸무게
도 30~100톤이나 되지만 생쥐와 마찬가지로 심장 박동 횟수는 죽
을 때까지 15억 번입니다. 이처럼 동물은 키와 몸무게가 큰 차이를
보여도 하나같이 공유하는 특성이 있습니다. 그것이 바로 '크기의 법
칙'이라는 것입니다. 생물학자들이 아주 큰 관심을 가지고 있지요.[5]

— 놀랍군요. 그런데 세포가 산화하는 것을 막을 수 있는 부식방지제는
없습니까?

있습니다. 항산화제가 없다면 생명 자체가 존재할 수 없지요. 항산화
제는 미토콘드리아 주위에 존재합니다. 우리가 흡수하는 성분들(비타
민E, 비타민C, 베타카로틴, 셀레늄, 아연)도 세포를 산화시키는 프리라디칼
을 우리 몸에서 없애줍니다. 일부 운동선수들이 사용하는 약물도 미
토콘드리아에 간접적인 '채찍질'을 할 수 있습니다. 하지만 이런 약
물은 오히려 프리라디칼을 다시 만들어냅니다. 그런 약물과 항산화
물질이 만나면 세포가 피로해져 빨리 늙게   5 G. B. West, J.H. Brown and B.J. En-
됩니다. 자동차를 운전할 때 액셀러레이터와   quist, "The fourth dimension of life :
fractal geometry and allometric scaling of
브레이크를 같이 밟는다고 생각하면 이해가   organisms", *Science*, 1999, 284, pp.1677-
1679.
쉽습니다.

노화를 늦추는
불로의 약

— 이러지도 저러지도 못하겠군요. 부식방지제를 많이 써도 안 되고, 채
찍질도 많이 하면 안 된다. 그럼 어떻게 해야 할까요?

한 연구진의 발견이 어쩌면 미토콘드리아를 가장 이상적으로 조절
할 수 있게 해줄지도 모릅니다. 아세틸-L-카르티닌 또는 ALCAR라
고 하는 천연 아미노산을 강력한 항산화제인 알파리포산과 혼합하
는 것이지요. 그 혼합물을 네 살 된 쥐에게 투여해보았습니다. 털도

희끗희끗하고 관절염도 앓고 있는 늙은 쥐는 이미 많은 능력을 상실했는데요. 특히 미로에서 길을 찾는 능력을 잃었고 쳇바퀴를 돌릴 힘도 많지 않았습니다. 그런데 혼합물을 주입하자 쥐가 젊음과 활기를 되찾았습니다. 생후 6개월 된 쥐만큼 기억력도 좋아졌고 방향 감각도 다시 회복했거든요.

— 하지만 인간은 쥐와 다르지 않을까요?

6 Bruce N. Ames *et al.,* "Acetyl-L-carnitine fed to old rats partially restores mitochondrial function and ambulatory activity", *Proceedings of the National Academy of Sciences US*, Oct. 4, 1998, vol. 95, n° 16, p.9562-9566.

브루스 에임스[6]가 1998년에 발표한 이 연구 결과에 관심을 가진 제약회사들이 아주 많았습니다. 사람을 대상으로 한 실험도 진행 중이고요. 에임스는 그가 혼합한 물질을 홍보하려고 벤처회사까지 설립했습니다. 그 회사가 주비논 Juvenon인데요, 여기에서 판매하는 '주비논 포뮬라'는 앞에서 말한 두 가지 천연물질을 혼합해 만든 것입니다. 약을 판매해서 돈을 벌고자 하는 것이 아님을 보여주기 위해 에임스는 그가 소유한 주비논의 주식 전부를 노화 연구를 후원하는 재단에 기부하기도 했습니다.

— 인류를 먼저 생각하는 과학자로군요. 그렇다면 드디어 불로수를 발견한 걸까요?

그렇지는 않습니다. 식품보조제로 노화를 늦출 수 있다는 사실과 그것이 쥐에게 효과가 있다는 사실을 증명했을 뿐이니까요. 미국, 영국, 스위스, 독일에서는 피로에 시달리는 사람이나 노인에게 이미 ALCAR나 주비논 포뮬라를 처방하고 있습니다. 프랑스는 아직 신중한 입장이고요. 어쨌든 세포 노화의 어떤 부분들은 제어가 가능하다는 것이 분명합니다.

— 그 정도도 굉장한 거죠.

그렇죠. 그리고 노화에 관여하는 요인들이 더 있다는 것도 알아냈습니다. 바이러스나 박테리아뿐만 아니라 우리의 생활방식과 식습관도 우리 몸을 산화시킵니다. 대기 중의 오염물질이나 식품에 들어 있는 오염물질, 질산염이나 방사선, 햇빛, 스트레스도 노화를 가속화합니다. 그뿐만이 아닙니다. 에이즈 바이러스를 발견한 뤽 몽테니에는 우리 몸의 세포가 산화작용을 일으키는 세균에 대항하기 위해 염증 반응을 일으키고, 그 염증 반응이 노인병을 유발시킨다는 것을 증명했습니다.

— 면역 체계가 과민반응을 일으켜 생기는 병이네요. 우리 몸이 스스로를 공격한다는 얘기네요?

방어 시스템이 과도하게 발동돼서 그렇습니다. 몸이 산화에 저항하다가 노화와 관련된 질병을 스스로 만들어내는 것이지요. 그걸 퇴행성 질환이라고들 하는데, 심장혈관 질환이 거기에 속합니다. 나쁜 콜레스테롤이 혈관을 막으면 혈압이 올라가지요. 혈압이 오르면 혈관이 압력을 받고 그러다 결국 혈관이 터지면 뇌출혈이 일어나거나 반신마비가 올 수 있습니다. 그밖에 황반변성이나 백내장도 망막과 수정체의 산화와 관계가 있습니다. 알츠하이머병도 산화와 염증 반응이 일으킨 질병입니다. 단백질이 뇌에 쌓여서 뉴런의 연결을 막고, 또 뉴런을 죽이기도 해서 결국 기억력이 손상되는 것이지요. 관절에도 문제가 생깁니다. 산화가 연골 조직을 공격하면 뼈끼리 서로 부드럽게 맞닿게 해주는 조직이 없어집니다. 윤활제가 없어지는 셈이지요. 그것이 관절염입니다.

— 그 모든 것이 우리 몸이 산화하기 때문에 일어나는군요. 그렇다면 세포의 염증은 어떻게 막을 수 있습니까?

장수에 대해 포괄적으로 접근했던 뤼크 몽테니에는 앞에서 말한 질병을 예방하는 국제 재단을 설립하자고 제안했습니다. 그는 사람마다 생물학적 검사를 실시하고 그 결과에 맞춰 항산화제와 면역강화제를 섭취하도록 하자고 했습니다. 그러면 60세가 넘어도 일을 할 수 있게 되면서 인간의 경제활동 기간이 20년 이상 늘어나리라고 주장했습니다. 우리 몸이 공격에 대해 끊임없이 방어시스템을 가동하지 않도록 하고 세포가 과열되는 것을 피하도록 '관리'하는 게 얼마나 중요한지 알 수 있습니다. 그런 점을 고려한 식생활과 생활습관을 가지는 게 필요하다는 점이 다시 한 번 부각되는 부분이지요.

끝없이 자라나는
미친 세포

— 암도 세포가 이상해져서 일어난다고 알려져 있습니다. 세포의 기능 이상도 같은 맥락입니까?

암에 걸릴 확률은 나이가 들수록 커집니다. 우리 몸의 세포가 미쳐가는 일이 자주 발생하게 되지요. 피부 세포나 간 세포 등이 자신의 임무를 잊어버리고 배아세포처럼 분열하기 시작하는 것입니다. 마치 어린 시절로 돌아간 것처럼 말이지요. 그것은 바이러스로 인해 유전자가 자극을 받았거나 아니면 유전자가 변형을 일으켰기 때문입니다. 우리는 인식하지 못하지만 다행히 우리 몸에는 그런 유전자를 억제하는 유전자가 있기 때문에 평상시에는 그 과정 자체가 차단됩니다. 말하자면 우리 몸은 영구적인 휴전 지역인 셈입니다. 발현되려는 힘과 그것을 억제하려는 힘이 균형을 이루고 있는 것입니다.[7]

— 몸이 스스로 저지른 실수를 고치느라 보이지 않는 힘겨운 싸움을 벌이고 있군요. 우리 몸이 일종의 유전자 경찰을 가지고 있는 것이네요.

[7] Jean-Claude Ameisen, *La Sculpture du vivant. Le suicide cellulaire ou la mort créatrice,* Seuil, 2003 참조.

그렇습니다. 그런데 그 경찰의 힘이 떨어지는 순간이 옵니다. 균형은 왜 깨질까요? 상처가 치유되는 과정을 보면 이해가 빠를 겁니다. 손가락을 베었다고 칩시다. 살이 칼에 베면 피부에 있는 세포 일부가 떨어지겠지요. 그러면 떨어진 살에서 세포 분열을 일으키는 유전자가 곧바로 활동하기 시작합니다. 반대편 살의 세포와 맞닿을 때까지 분열에 분열을 거듭하는 것이지요. 그리고 세포들이 맞닿는 순간 표면에 있는 단백질이 정지 신호를 보냅니다. "동작 그만! 수리가 끝났으니 진정하고 얌전히 있어라!"하고 말이죠. 그러면 세포는 분열을 멈춥니다. 그것을 '접촉저지'라고 부릅니다. 설계도 원본에 맞게 조직이 재정비된 것입니다.

— 암세포는 정지신호를 듣지 못하는군요.

암이란 회복 과정이 멈추지 않았을 때와 비슷합니다. 악성세포는 주위에서 보내는 신호를 듣지도 보지도 못합니다. 유전자를 활성화시키는 신호도 없고 억제하는 신호도 없이 혼자서 분열합니다. 게다가 아주 교활한 작전까지 쓰지요. 종양이 자라면서 모세혈관을 끌어당겨 그곳에서 에너지를 공급받습니다(그것을 '혈관신생'이라고 합니다). 암세포는 펩티드라는 물질도 만들어내서 면역체계를 잠재우기도 합니다. 또 원래 속해 있던 조직에서 떨어져 나오면 건강한 세포와는 달리 독자적으로 행동합니다. 혈관을 타고 몸속을 돌아다니는 것이지요(전이). 자기 앞을 가로막는 세포들이 녹이는 물질을 만들어내서 혈관을 통과합니다.

— 아주 교활하네요. 그런데 나이가 들수록 그런 공격에 약해지는 건가요?

물론입니다. 나이가 들면 면역체계가 약해집니다. 몸에 녹이 슬면서 약해진 면역세포들은 외부에서 침입한 적들을 점점 더 알아보지 못하게 됩니다. 멀쩡했던 세포가 암세포로 변할 가능성이 커지는 것도 문제입니다. 그 세포들은 먼 조상에서 유래한 후손들입니다. 오랫동안 분열이 계속되면서 복제 과정에서 벌어진 실수가 쌓인 결과물이지요. 피부나 기관지, 간, 신장, 췌장 등 특히 증식을 많이 하는 조직의 세포가 그렇습니다.

— 환경도 일정한 역할을 하지 않나요?

췌장암과 유방암은 몸에서 생성된 호르몬 때문에 걸릴 수 있지만 살충제나 데오도란트 같은 제품에 의해서도 생길 수 있습니다. 기관지암은 담배연기에 기관지 조직이 계속 자극을 받아서 생기기도 하고 석면 때문에 늑막이 자극되어서 걸리기도 합니다. 자극과 공격을 반복적으로 받은 세포는 상처를 회복할 때처럼 증식을 하기 시작합니다. 파이프 담배를 피는 사람이 걸리는 입술암이나, 역류성 식도염으로 유발되는 식도암도 결국 조직이 계속해서 공격을 받기 때문에 생기는 것입니다. 유방암과 전립선암은 나이와 관련이 있습니다. 유방암은 호르몬제, 전립선암은 남성의 생활방식과도 관련이 있다고 합니다. 필터 역할을 하는 장기(이물질을 엄청나게 걸러내는 폐, 신장, 간)의 세포들이 돌연변이를 많이 일으키고, 거기에 면역 능력까지 약해져 있고 스트레스로 몸의 균형이 깨졌다는 신호를 자꾸 보내게 되면 암이 발생할 가능성이 더 커지면서 자연적으로 암이 없어질 가능성은 줄어들게 됩니다.

노화를 조절하는 유전자

한 단계 더 내려가 이번에는 유전자를 살펴볼까요? 유전자도 노화와 관련이 있습니까?

노화와 관련된 유전자 연구도 과학 혁명이 일어나고 있는 분야입니다. '유전자로 인한 생명 연장'의 가능성을 엿보고 있는 것이죠. 지난 10년 동안 '노화' 유전자에 관한 결정적인 연구 결과가 나왔습니다. 노화를 앞당기거나 늦추는 유전자는 세 가지가 있다고 합니다(적어도 효모균이나 선충, 초파리에서는 그렇다고 합니다). 먼저 에너지를 비축하거나 사용하는 과정을 '작동시키는' 유전자와 '끄는' 유전자가 있습니다. 두 번째는 세포를 프리라디칼로부터 보호해주는 항산화 과정을 일

으키는 유전자입니다. 마지막은 세포의 보일러 역할을 하는 미토콘
드리아의 노화를 조절하고 줄이는 유전자입니다.

- 미국 캘리포니아 대학의 신시아 케넌이 앞에서 말한 예쁜꼬마선충
을 연구해서 발견한 것이 있죠. 말이 나왔으니 말인데, 신시아 케넌
은 발견한 것을 본인에게 직접 적용했는지 나이에 비해 정말 젊어
보이더군요.

신시아 케넌의 이름이 가장 먼저 언급될 만합니다. 1993년에 예쁜
꼬마선충의 수명을 '두 배' 이상 늘렸으니까요. 원래 예쁜꼬마선충
은 18일을 사는데 수명을 45일까지 늘렸습니다.[8] IGF-1이라고 하는

8 C. Kenyon, J. Chang, E. Gensch, A.
Rudner, R. Tabtiang, "A *C.Elegans* mutant
that lives twice as long as wild type", *Na-
ture*, 1993, pp.461~464.

유전자를 변형시켰기 때문인데요. 이 유
전자는 인슐린과 그 '사촌'격인 성장인자
IGF-1의 수용체 역할을 하는 단백질 생
성을 명령합니다.

- 슬슬 복잡해지는군요.

인슐린과 IGF-1은 화학적 메시지를 몸 전체로 전달하는 전령과 같
습니다(예를 들어 인슐린으로 근육 세포가 수축되면, 세포는 포도당 소비량과 차후
에 소비할 저장량을 늘립니다). 이 유전자를 제거하면 세포는 인슐린의 메
시지에 반응하지 않습니다. 그렇게 되면 몸은 에너지를 아끼는 체제
로 들어가거나 아니면, 즉시 사용하는 체제로 들어갑니다. 신시아 케
넌은 예쁜꼬마선충이 '절전' 모드로 들어가게 해서 수명을 50퍼센트
이상 연장시켰지요.

- 그렇군요. 하지만 예쁜꼬마선충은 유전자가 몇 만 개에 불과하지 않

습니까? 인간은 벌레와 다르고 유전자도 세 배나 많습니다.

물론입니다. 하지만 벌써 생쥐의 유전자도 연구 중이고 인간의 유전자도 마찬가지입니다. 20년 안에 노화의 속도를 늦출 수 있을 것으로 전망하고 있습니다.

— 노화 유전자는 발견했습니까?

정확히 말하면 그렇지는 않습니다. 에너지 신진대사, 그러니까 우리 몸의 산화 능력과 관련있는 여러 유전자들을 오케스트라 단장처럼 지휘하는 유전자를 발견했다고 하는 게 더 맞습니다. 지휘자 역할을 하는 다른 유전자들을 알아내는 것이 노화를 늦추는 데 중요한 일이 겠지요. 그런데 1930년대에 밝혀진 놀라운 현상 덕분에 그런 유전자를 일부 발견하는 데 성공했습니다.[9] 쥐가 _{9 미국 코넬 대학 클라이브 맥케이의 연구 참조.}
하루에 섭취하는 칼로리를 40퍼센트 줄이자
수명이 20~40퍼센트 늘어났습니다. 칼로리를 줄이는 것이 장수에 미치는 영향은 효모균(수명이 70퍼센트나 늘어났지요), 생쥐, 선충, 거미, 물고기, 파리 등 다양한 생명체를 대상으로 한 실험에서 똑같이 확인되었습니다.

— 그럼 인간은요?

대다수의 과학자들이 그것이 인간에게도 유효하다고 평가합니다. 그렇다고 한다면 보통 하루에 섭취하는 2300칼로리(하루에 3500칼로리를 섭취하는 사람들도 있고 4000칼로리까지 과식하는 사람들도 있습니다만)를 1700~1900칼로리까지 줄여야 수명을 늘리는 데 유의미한 효과를 볼 수 있다는 말이 됩니다. 최근 연구 결과[10]에 따르면 이 현상에 관

10 Leonard Guarente and Cynthia Keynon, "Genetic pathways that regulate ageing in model organisms", *Nature*, 2000, 408, pp.255-262.
11 효모의 SIR2(silent information regulator) 유전자와 인간의 SIRT1 유전자다. SIR2 는 DNA를 '패키징'하는 데 관여하는 단백질을 생성해서 '아세틸기 이탈'이라고 하는 생화학 작용을 통해 다른 유전자를 활성화시키거나 비활성화시킨다

여하는 유전자[11]를 규명했습니다. 이 현상은 다른 유전자들을 작동시키거나 멈추게 하는 스위치 같은 역할을 하고, 몸을 '대기 상태'로 놓아 프리라디칼로부터 보호해줍니다. 몸이 기아 상태와 가까운 스트레스를 받게 되면 에너지를 적게 태우면서 가능한 오래 살아남으려고 합니다. 그러면 노화의 속도도 더 느려집니다. 실제로 효모와 예쁜꼬마선충의 유전자를 조작했더니 수명이 30~50퍼센트나 증가했습니다.

소식 대신 마음껏 먹는 장수물질

— 천천히 늙으려면 덜 먹어야 한다는 얘기네요. 소식에 대해서는 뒤에서 보다 자세히 살펴보겠지만 어쨌든 그리 즐거운 이야기는 아니군요.

그래서 유전자에 직접 작용할 수 있는 물질을 밝혀내려고 노력하고 있지요. 음식을 지나치게 줄이지 않아도 효과를 볼 수 있도록 말입니다. 그리고 그 중 몇 가지 물질들을 밝혀내는 데 성공했습니다.[12] 첫

12 David Sinclair *et al.*, "Sirtuin activators mimic caloric restriction and delay ageing in metazoans", *Nature*, Aug. 5, 2004, 430, pp.686-689.

번째가 폴리페놀입니다. 폴리페놀은 모든 식물에 들어 있는 천연물질로, 특히 과일이나 야채에 들어 있는 폴리페놀은 색소이기도 하

면서 항산화 작용도 하고 있습니다. 폴리페놀 중에서도 케르세틴은 사과와 차에 많이 들어 있습니다. 그런데 효모의 수명을 70퍼센트나 늘리는 더 강력한 물질을 찾아냈지요. 그 놀라운 물질은 바로 레스베라트롤입니다. 레드와인의 주요성분이지요.

— 와인 생산자들에게는 아주 반가운 희소식이겠는데요.

레스베라트롤은 아주 단순한 분자입니다. 인체에서 분비되는 호르몬과 유사하지요. 레스베라트롤은 세포에 칼로리를 제한했을 때와 같은 효과를 냅니다. 또 포유류의 암이나 노화와 관련된 질병을 막아준다고 합니다. 그것이 '프렌치 패러독스'를 설명해주기도 합니다. 지방(푸아그라와 함께)을 많이 섭취하는 프랑스 사람들의 심장혈관질환 발병률이 상대적으로 낮고 수명도 단축되지 않는다는 것이지요. 포도 과육의 주성분이어서 우리가 마시는 와인에도 많이 들어 있는 레스베라트롤은 심장질환 예방에 효과가 있을 뿐 아니라 덤으로 노화도 늦춰줍니다. 파스퇴르도 레드와인이 훌륭한 항바이러스제라고 했지요(폴리페놀 계열인 플라보노이드가 바이러스를 파괴하는 기능이 있습니다). 유전학이 예상외의 영역에서 많은 성과를 거두고 있습니다.

— 그럼 유전자는 이제 다 살펴본 건가요?

아닙니다. 미토콘드리아를 한 번 더 살펴볼 필요가 있습니다. 미토콘드리아의 역할이 무엇보다 중요하니까요. 미토콘드리아에는 세포와 별도로 DNA가 따로 있습니다. 분열도 하고요. 그래서 복제가 잘못될 때도 있습니다. 그 실수들은 특정 효소에 의해 자동적으로 수정됩니다. 마치 컴퓨터의 자동 맞춤법 기능처럼 실수가 쌓이는 것을 막아

노화가 늦춰지는 것입니다. 스웨덴 연구자들이[13] 그 '맞춤법 교정기'

13 Aleksandra Trifunovic *et al.*, "Premature ageing in mice expressing defective mitochondrial DNA polymerase", *Nature*, May 27, 2004, 429, pp.417-423.

를 명령하는 유전자를 규명해냈습니다. 그들은 자신들의 이론을 증명하기 위해 생쥐의 해당 유전자를 변형시켰습니다. 25주가 지났을 때 생쥐들은 겉모습은 정상적으로 보였지만 몸무게 감소, 털 빠짐, 굽은 척추, 골다공증, 빈혈, 생식능력 감퇴, 심장의 크기 증가 등 조금씩 조로의 징후가 나타나기 시작했습니다. 첫 세대의 돌연변이 생쥐들은 40주 정도 생존했습니다. 61주를 넘어서까지 생존한 돌연변이 생쥐는 한 마리도 없었습니다. 반대로 같은 나이의 정상 쥐 그룹에서는 90퍼센트 이상이 아주 양호한 건강 상태를 보였습니다. 털에도 윤기가 흘렀고 코털에도 힘이 바짝 들어가 있었지요. 미토콘드리아의 유전자 한 개를 조작했을 뿐인데 돌연변이 생쥐의 수명이 '절반'으로 준 것입니다.

― 우리 모르게 우리의 몸을 고쳐주고 있는 소중한 유전자로군요.

미토콘드리아도 소중하지요. 미토콘드리아가 최대로 가동될 때 발생하는 프리라디칼은 미토콘드리아를 공격해서 DNA를 훼손시킵니다. 그러면 결국 세포의 노화가 촉진됩니다. 최근에 노인 질병인 고콜레스트롤혈증, 고혈압, 저마그네슘혈증이 오로지 미토콘드리아

14 Richard T. Lifton *et al.*, "A cluster of metabolic defects caused by mutation in a mitochondrial RNA", *Science*, Nov 12, 2004, 306(5699), pp.1190-1194.

DNA의 변형 때문에 유발되는 것으로 밝혀지기도 했습니다(개별 가족 내 여러 세대의 유전자 비교)[14]. 미토콘드리아를 잘 보살피는 것이 얼마나 중요한 일인지 알 수 있지요.

— 미토콘드리아와 미친 세포들의 향연 속에서 갈피를 잡지 못하겠습니다. 가장 최근에 발표된 연구 결과들을 종합해보면 노화 현상을 쉽게 설명할 수 있지 않을까요?

그럼 정리를 해봅시다. 세포가 분열하면서 복제 실수가 일어나기도 합니다. 실수가 제대로 복구되지 않으면 세포 안에 있는 작은 보일러가 점점 더 많은 오염물질을 만들어 세포가 산화됩니다. 이웃 세포들과 소통도 적어지고 잘못된 화학적 신호를 보내기도 합니다. 그렇게 해서 연쇄반응이 일어납니다. 세포간 통신이 원활하지 않아 고장이 증가하지요. 이런 현상은 우리의 생활습관이나 환경에 따라 더 심각해지기도 합니다. 과식하면 세포가 과열되고, 영양이 지나치게 풍부해도 지방이 몸속에 쌓여 암세포가 증식하는 데 그 지방이 사용될 수도 있습니다. 이런 현상은 면역이 약해진 몸에서 더 잘 발생해서 퇴행성 질환이 유발될 가능성이 커집니다. 오늘날 우리가 말하는 노화는 이런 모든 현상이 포함된 것을 말합니다. 전기회로에 발생하는 지직거리는 소리, 생명의 신호를 파묻어버리는 '노이즈'처럼 무질서가 세포의 세계를 점점 더 교란하는 것입니다.

— 그 노이즈를 피할 수는 없겠네요. 산소가 없으면 숨을 쉴 수 없으니까요. 그러니까 우리는 어쩔 수 없이 산화되고 녹이 슬 운명, 결국 늙을 수밖에 없는 운명이군요.

그렇습니다. 하지만 바로 그렇기 때문에 이 새로운 혁명이 그만큼 중

요한 것입니다. 적어도 위험 요소에 개입해서 위험을 줄일 수 있으니

까요. 하지만 사람들이 스스로 위험을 선택하기도 합니다. 햇빛에 몸
을 노출하거나 담배를 피우고 커피와 술을 지나치게 많이 마시고, 마
약을 하거나, 과식하는 것 등이 바로 그것입니다. 그중 두 가지 이상
의 행동을 함께 하면 위험은 더 커집니다. 반면 의도적이지 않은 선
택도 있습니다. 낮은 용량의 방사선이나 오염물질에 장기간 노출되
는 것이지요. 질소 산화물과 석면에 의한 공기 오염, 집 안의 먼지,
카펫에 사용하는 접착제, 세제 등도 우리 몸의 신진대사에 이상을 일
으킵니다. 그런 위험에 대해서는 인식이 낮은 편입니다. 위험 물질을
없애는 것도 간단하지 않습니다. 휘발유에 들어 있는 납을 벤젠이나
다른 휘발성 물질로 대체해도 위험은 사라지지 않으니까요. 좋은 것
과 나쁜 것의 균형을 잘 파악해야 합니다. 또 환경에 좋다는 것만을
기준으로 일방적인 결정을 내리는 것도 피해야 합니다. 장기적으로
봤을 때, 모든 것은 서로 연결되어 있기 때문에 해결한 문제보다 더
크고 심각한 무질서를 초래할 수 있습니다.

- 쉬운 문제가 아니군요. 새로운 오염물질도 계속 만들어지고 있지요?
산업계에서 해야 할 노력이 아직 많이 남아 있지요. 2004년에 17개
국 47명의 지원자(그중 39명은 유럽의원입니다)[15]에게 혈액 검사를 해보

15 세계자연보호기금(WWF)이 실시한 '디톡스' 캠페인의 일환.

았더니 체내에서 제거할 수 없는 물
질들이 검출됐습니다. 염소, 다이옥
신, 수은이 쌓인 것은 유기염소계 살충제, 폴리염화바이페닐, 프탈레
이트, 과불화 화합물, 브롬계 난연제 때문입니다. 브롬계 난연제는

컴퓨터 메모리카드의 수명을 늘이기 위해 사용되고(컴퓨터를 켜면 돌아가는 쿨러를 거쳐 우리의 호흡기를 통해 체내로 들어갑니다), 불연성 옷감을 만들 때도 첨가되는 물질이지요. 현재 새롭게 출시되는 화학물질 중 장기간에 걸쳐 무해한지 여부를 검사하는 물질은 10퍼센트에 불과합니다. 이에 산업계가 책임을 지도록 요구하는 성명서[16]를 과학자들이 발표한 적이 있습니다. 그밖에도 우주에서 지구로 쏟아지는 각종 입자와, 방사선인 우주선cosmic ray도 인체에 영향을 미쳐 유전자의 변이를 일으킵니다. 그러고 보면 인간의 몸은 24시간 외부의 공격을 막아내고 있습니다. 때로는 역부족일 때도 있구요.

— 약도 노화를 빠르게 할 수 있다면서요.

그렇습니다. 노인이 병원 치료를 많이 받고 의료적 도움을 받는다고 수명이 그만큼 길어지는 것은 아닙니다. 노인들은 고혈압이나 콜레스테롤, 스트레스 때문에 여러 가지 약을 동시에 복용할 때가 많은데, 여기에 수면제까지 함께 먹기도 합니다. 그런데 노인들은 면역력이 떨어져 있기 때문에 여러 약을 함께 먹으면 복합 작용을 일으켜 의원성 효과iatrogenic effect가 나타날 수 있습니다. 병을 치료하려고 먹는 약이 오히려 병을 키우는 격이지요.

[16] EU집행위원회 소속 암전문의 도미니크 벨폼므와 환경운동가 니콜라 윌로가 주도한 '파리 성명서'.

수명 연장 140세 까지

— 그럼에도 낙관적일 이유가 있다고 하셨는데요. 인류가 더 오래, 그리

고 더 건강하게 살고 있으니까요.

의학의 발전, 전염병 퇴치, 어린이 질병의 감소, 수명을 줄이는 것으로 알려진 유해물질의 감소, 담배와 술 소비의 감소 등으로 인구곡선은 정사각형 모양을 그리게 될 것입니다. 모든 인간이 거의 같은 나이에 사망하고 조기사망은 점점 더 줄어드는 거지요. 유전학과 분자생물학의 발전은 인간의 수명에 대약진을 이룰 겁니다. 이제 문제는 오래 사는 것이 아니라 덤으로 얻은 시간을 '잘' 사는 것이 되었습니다. 인간은 120~140살까지 살 수 있다고 합니다.

― 120살에서 140살까지요!

그보다 더 오래 살 수 있다고 하는 연구자들도 있습니다. 인간의 수명을 가장 오래 본 연구자는 아마 영국 캠브리지 대학의 오브리 드 그레이[17]일 겁니다. 비난 여론도 있지만 해당 분야 최고의 전문가들에게 매우 존경 받는 인물이지요. 원래 생물학자가 아니라 컴퓨터공학을 전공한 엔지니어였던 그는 전문가들이 이론적인 문제만 생각하느라 시간을 낭비했다고 생각합니다. 그는 인간에게 원하는 만큼 오래 살겠다고 선택할 수 있는 자유가 있으며 그것은 양보할 수 없는 권리라고 주장합니다. 그에 따르면 인간의 수명은 조금씩 거의 무한대로 늘어날 수 있습니다. 배아세포를 정기적으로 이식해서 재생하지 않는 세포를 재생시키거나 불필요한 세포(지방세포나 노화된 세포)를 제거하는 것이 그 방법입니다. 또 미토콘드리아 DNA의 15개 유전자를 세포핵에 넣어 손상을 막아야 한다고도 합니다. 그의 제안

17 Aubrey de Grey, "Escape velocity : why the prospect of extreme human life extension matters now", *PLOS Biology*, Jun 15, 2004, 2(6).

들은 모두 아직 가능성에 지나지 않는 게 사실입니다. 아이디어를 실현해 내기까지는 많은 시간이 걸리니까요. 자연이 그렇게 호락호락 하지도 않고요. 하지만 과감한 제안이 연구자들에게 새로운 길을 열어주기도 합니다.

― 어쨌든 다음 세대에서는 100세 장수를 누릴 사람이 아주 많아질 가능성이 크군요.

그렇습니다. 프랑스의 최고령 노인으로 유명했던 잔느 클레망(1875~1997년)은 122살까지 살았지요. 현재 프랑스에서 태어난 여자아이 2명 중 1명은 100살까지 살 겁니다. 지난 100년 간 의학의 발달과 환경 위생의 개선으로 인간의 수명은 30세나 연장되었습니다(그리고 그중 10개월은 지난 20년 간 늘어났습니다). 현재 여성의 90퍼센트가 80세까지 삽니다. 2004년 남자의 기대수명은 76.7세, 여자의 기대수명은 83.8세입니다. 남성과 여성을 함께 보면 평균 수명이 80세 정도 되는 것입니다. 프랑스 역사상 수명이 가장 길어진 것이지요. 그래도 우리는 '일찍' 죽는 겁니다. 앞으로 평균 수명을 30세 정도 더 늘릴 수 있고 그 30년을 건강하게 살 수 있게 될 것입니다. 우리가 유전적으로 물려받은 것, 우리가 살고 있는 환경을 바꿀 수는 없습니다. 하지만 우리의 생활방식, 식생활, 체력 유지, 수면, 스트레스 대처법은 관리할 수 있습니다. 지금 우리의 과제는 죽지 않는 것이 아니라 오래 잘 사는 것입니다.

2장.
장수의 비결

오래 잘 사는 것은 지금 당장이라도 가능하다. 최신 연구 결과를 반영한 이 작은 가이드가 모든 사람들에게 장수도 보장해주고 더불어 기쁨도 주는 삶의 방식을 소개한다.

지금까지 이루어진 수많은 발견들 덕분에 우리는 노화를 일으키는 메커니즘을 좀 더 잘 이해하게 되었습니다. 그것만 해도 배울 수 있는 점이 아주 많은데요. 우리가 더 오래 사는 것뿐 아니라 건강하게 살 수 있도록 우리 몸에 개입할 수 있다는 것이지요.

일찍 죽는 것은 피할 수 없는 '질병'이 아니라고 다시 한 번 말씀드리고 싶습니다. 노화라는 것이 본질적으로 돌이킬 수 없는 과정이긴 해도 말입니다. 말씀하신 대로 우리 삶의 마지막 단계를 잘 살아서 장수에 성공할 수 있는 방법은 있습니다. 노년을 연장하는 것과 젊음을 연장하는 것은 다릅니다. 젊음을 연장하려고 노력하는 것이 더 바람직하겠지요. 말하자면 '젊게' 늙자는 것입니다. 물론 나이가 들면서 나타나는 생물학적 현상을 완전히 제어하는 것은 불가능합니다. 노화에는 아주 많은 변수들이 작용하니까요. 그러나 지난 20년 간 이루어낸 과학 혁명은 우리의 몸을 합리적으로 '매니지먼트' 할 수 있는 규칙들을 알려주었습니다. '매니지먼트'란 기업을 경영할 때 쓰는 말이지요. 영미권에서는 '성공적인 나이들기sucessful ageing'이라고 표현하기도 하는데, 저는 개인적으로 '바이오노미bionomy'라는 말이 더 좋습니다.

새로운 용어를 만들어내는 걸 즐기시는군요. '바이오노미'란 무슨 말입니까?

'이코노미'(그리스어로 집을 가리키는 oikos와 규칙을 가리키는 nomos를 합쳐 '집의 경영'이라는 뜻)는 '이콜로지'(그리스어로 oikos와 과학을 가리키는 logos를 합쳐 '집의 과학'이라는 뜻)와 상응합니다. 동전의 양면과 같은 것이지요. 바이오노미(삶의 경영)는 생물학(생명의 과학)과 상응하겠지요. 몸을 잘 다스리는 법을 배우는 것입니다. 게다가 영어로 '매니지먼트'는 프랑스 고어인 '메나제ménager'에서 왔습니다. 퀘벡 주에서는 아직도 이 말을 사용하는데요, 가계의 예산을 짠다는 뜻입니다. 동사인 'ménager'가 명사로 쓰이게 되었고 가정주부를 뜻하는 '메나제르 ménagère'는 남녀의 가사 분담에 대해 많은 것을 시사합니다. '메나제'는 정비하고 절약한다는 뜻도 됩니다. '바이오노미'도 같은 맥락에서 우리의 몸을 잘 경영하는 것을 말합니다. 계기판이나 지표, 혹은 목표라고 봐도 무방합니다. 합리적으로 몸을 매니지먼트 해야 한다는 것입니다.

― 계기판, 지표, 목표라……. 우리의 몸도 유기체이긴 하지만 기업과 같은 조직은 아니지 않습니까?

그렇게 말한 것은 아닙니다. 에드가 모랭도 말했듯이 인간은 합리적 동물이 아닙니다. 비합리적이라는 것은 사실 장점입니다. 우리는 감정, 감수성, 광기, 쾌락을 통해서도 자아를 실현합니다. 때로는 정도에서 벗어나고 한계를 넘어서서 무모한 일도 저지를 줄 알아야 합니다. 그렇다고 해서 일상적으로 지켜왔던 삶의 규칙을 지키지 않거나 규칙적으로 몸을 관리해왔던 것을 그만두자는 것은 아닙니다. 오히려 우리가 오래 살기 위해서, 혹은 나이가 들었을 때 양질의 삶을 누릴 수 있기 위해서 '건강 자본'을 축적하는 시기는 바로 젊었을 때입니다.

청소년에게 벌써부터 장수를 생각해야 한다고 얘기하면 비웃지 않을까요?

그렇겠지요. 젊은 사람들이 '바이오노미'의 개념을 받아들이기는 어렵습니다. 스무 살에는 살아야 할 날들이 한참 남은 것 같고 영원히 살 것 같지요. 먼 미래는 생각하지 않습니다. 그래도 그게 아닙니다. 그건 어떻게 교육받느냐에 달려 있습니다. 아이들에게 절약해라, 용돈을 낭비하지 말라고 가르치지 않습니까. 그렇다면 몸을 아껴 써라, '바이오노미'를 실천하라고 가르치지 않을 이유가 있습니까? '바이오노미'는 체형, 수면, 대인 관계, 스트레스에 대한 내성, 그리고 무엇보다 식생활 등 일상적인 활동에서 간단한 규칙만 지키면 실천할 수 있습니다. 통계자료[18]를 보면 여성의 교육 수준이 높을수록 기대수명도 증가한다는 것을 알 수 있습니다. 교양 있는 어머니는 아이들에게 자연스럽게 지식과 규율, 위생과 섭식의 원칙, 일상생활에서 쉽게 접할 수 있는 '독'들을 적당히 취하도록 가르쳐 줍니다. 따라서 노인들에게 적절한 의료 서비스를 제공하는 '사후' 대책만큼 젊은이들을 교육하는 '사전' 투자도 중요합니다.

18 Jean de Kervasdoué, Henri Pcheral, Jean-Marc Macé, *Santé et Territoires, Carnet de santé de la France* 2004, Dunod, 2004.

하지만 먹거리에 관해서는 누구의 말을 들어야 할지 모르겠습니다. 전문가들의 조언이 너무 많고, 기적의 다이어트 비법도 시기마다 계절마다 바뀝니다. 다양한 분야의 전문가들이 내놓는 의견이 서로 모순될 때도 적지 않고요. 어떤 게 정말 우리 몸에 좋은 것인지 알 길이 없습니다.

그렇지요. 한동안 혈당지수가 낮은 음식(파스타, 피자, 빵)이 건강에 좋다고 하더니 지금은 그런 음식이 인슐린 분비를 늘려 세포에 과부하를 가해 노화를 앞당긴다고 하니까요. 또 달걀이 콜레스테롤 수치를 높인다고 했는데 알고 보니 그것이 '좋은' 콜레스테롤이라고 하기도 합니다. 헷갈리는 것도 당연하지요. 그러나 변치 않는 간단한 원칙들을 다음과 같이 요약할 수 있습니다. '적게 먹어라. 지방을 줄이고 채소와 과일을 많이 먹어라.' 이 규칙을 장기간에 걸쳐 지킬 수 있도록 노력해야 합니다. 가끔 지키지 못할 때도 있겠지만 말입니다. 잊어버리지 말아야 할 것은 우리의 몸은 마치 필터와 같다는 것입니다. 모든 물질을 흡수하고 그중 일부는 제거하고 나머지는 남깁니다. 식생활의 균형을 찾는 일은 곧 입으로 들어가는 것을 최대한 조절하는 것입니다. 그래야 우리의 몸이 유해한 부산물을 쌓아두지 않고 잘 돌아가는 기계처럼 높은 생산성을 보이며 제대로 기능할 수 있습니다.

첫 번째 규칙은 몸에 필요 없는 열량으로 과부하를 주지 않는 것이군요. 먹는 것을 줄여야 한다는 말씀입니까?

쥐, 생쥐, 개, 원숭이의 열량 섭취를 20~40퍼센트 줄였더니 몸의 상태가 많이 바뀌더라 하는 것은 오래 전부터 알려진 사실입니다. 더 오래 살고, 더 날씬해지고, 더 싸움도 잘하고, 건강해져서 질병에도 잘 걸리지 않게 된 것이지요. 파리, 벌레, 효모도 마찬가지 였습니다.

호모 사피엔스에게도 적용될까요?

칼로리 섭취를 줄이면 오래 살 수 있다는 것은 분명합니다. 매일 과식하는 사람은 3500~4000칼로리를 섭취하는데요. 지나치게 많은 것이지요. 적게 먹으라는 것은 칼로리 섭취량을 하루 2200칼로리로 줄이라는 것입니다. 1900칼로리까지 줄이는 것도 어렵지 않습니다. 아침에 요구르트 한 개, 오렌지 한 개, 잼을 바른 빵 한 조각, 차 한 잔을 먹고, 점심에는 닭가슴살, 샐러드, 과일을, 그리고 저녁에는 수프와 토마토소스로 만든 파스타, 과일 한 개 정도만 먹으면 됩니다. 하루 섭취 열량을 비교해보면 미국은 2500칼로리, 프랑스인은 2300칼로리, 일본인은 1800칼로리입니다. 그렇다고 무조건 원칙만 중시해서도 안 됩니다. 많은 사람들이 칼로리 섭취량을 줄이려고 하지만, 신시아 케넌이 말한 것처럼 먹는 걸 줄이면 맘고생이 심해집니다. 사는 걸 힘들게 하지 않으면서도 얼마든지 건강한 식생활을 할 수 있습니다.

색깔 음식은
최고의 항산화제

– 채소와 과일을 많이 먹어라. 이것이 가장 중요하겠지요?

그렇습니다. 하루에 두세 종류의 채소를 먹어야 합니다(시금치, 브로콜리, 그린빈, 완두, 상추). 보존제와 당을 피하기 위해 가능하면 생야채를 구입해서 쪄 먹는 것이 좋습니다. 또 과일도 서너 종류를 먹어야 합니다. 아침에는 오렌지, 점심에는 배나 바나나, 저녁에는 딸기, 라즈베리, 포도, 이런 식으로요. 사과의 펙틴은 콜레스테롤을 빨아들이는 역할을 합니다. 그래서 영국에도 하루에 사과 한 알이면 의사를 멀리할 수 있다 라는 말이 있지요. 배, 오렌지, 포도에는 강한 항산화제인 플라보노이드가 들어있습니다. 다채로운 색깔 음식을 먹는 것이 황금비법이지요.

– 색깔 음식을 먹어라……. 이유가 뭘까요?

빨간색, 노란색, 주황색, 초록색, 보라색 등 다양한 색깔의 과일과 채소에는 플라보노이드가 들어 있기 때문입니다. 색이 화려하면 곤충을 잘 유인할 수 있기도 하지만(식물의 생식에 역할을 합니다) 강력한 항산화제를 갖고 있다는 표시이기도 합니다. 사프란과 카레의 노란색을 내는 커큐민은 알츠하이머병 예방 효과가 있는 것으로 알려져 있지요. 무서운 병을 일으키는 원인인 베타 아밀로이드 단백질 생산을 제어하는 유전자에 직접 작용합니다. 카레가 주식인 인도인의 알츠하이머병 발병률은 세계에서 가장 낮습니다. 선진국의 8분의 1수준이지요.

견과류는 어떻습니까?

견과류를 많이 먹는 것도 좋습니다. 식이성 섬유와 미네랄이 풍부하거든요. 하지만 열량이 아주 높기 때문에, 과체중이라면 주의해서 먹는 것이 좋습니다. 힘든 일을 할 때 아몬드, 건포도, 헤이즐넛, 말린 대추야자나 무화과를 같이 먹으면 매우 좋습니다. 아침식사로 가장 균형 잡힌 식단은 뮤즐리입니다. 말린 과일, 헤이즐넛, 호두, 건포도, 보리, 귀리를 섞은 스위스식 시리얼이지요.

그리고 물 1리터

동물성 지방 섭취를 줄이는 것도 필요하군요.

그렇습니다. 특히 상온에서 굳는 지방은 피해야 합니다. 버터(버터에는 비타민A가 들어 있기 때문에 가끔씩 먹어줘야 합니다), 햄에 든 지방, 돼지기름, 파테, 푸아그라, 아이스크림, 과자나 케이크 등은 삼가야 하지요. 액체 상태의 기름 중에는 '불포화' 지방을 섭취하는 것이 더 좋습니다. 지방 사슬은 세포막의 주요 구성 성분입니다. '포화' 지방의 사슬은 촘촘하지만 '불포화' 지방의 사슬은 구부러져 있어서 고리 사이의 간격이 더 넓다고 할 수 있지요. 그래서 세포가 외부와 물질교환을 더 쉽게 할 수 있어서 중요한 성분들을 더 잘 통과시킵니다. 올리브오일, 유채기름, 보리지(불포화지방산이 풍부한 풀)기름, 생선기름 오메가3, 작은 생선의 기름(연어와 같은 큰 생선은 먹이사슬의 꼭대기에 있기 때문에 독성물질과 중금속이 많이 쌓여 있습니다)이 좋습니다.

- 음료는 뭘 마셔야 합니까?

탄산음료, 설탕이나 알코올이 함유된 음료보다는 물을 마시는 게 좋
지요. 하루에 1~1.5리터 정도 마셔야 합니다. 방광이나 신장이 혈액
속의 노폐물을 빨리 제거할 수 있으니까요. 몸을 청소하는 것이라고
보면 됩니다. 레스베라트롤 성분이 들어 있는 와인을 마시는 것도 아
주 좋습니다.

- 와인 한 잔이 건강도 지키고 장수하게 해준다는 옛 선조들의 지혜가
틀리지 않군요.

대신 타닌 성분이 들어간 레드와인을 마셔야 합니다. 보르도 와인이
좋지요. 하지만 건강에 해로운 술과 커피는 적게 마셔야 합니다. 술,
담배, 커피를 금지하는 미국의 제7일안식일예수재림교회 교인들은
다른 미국인들보다 평균 9년을 더 산다는 영양학 연구 결과도 있습
니다. '신의 선물'로 알려진 석류즙이 고혈압 발병을 크게 줄인다는
사실도 최근에 밝혀졌지요. 석류즙은 이란에서 수천 년 전부터 즐겨
마시는 음료입니다. 고혈압의 원인 중 하나인 안지오텐신 전환효소
에 직접 작용한다고 합니다.

먹어도 좋은 독

- 당을 줄이는 것도 물론 필요하지요?

설탕(사탕수수나 사탕무에서 추출한 자당)을 먹으면 체내에서 인슐린이 빠
르게 만들어져 몸에 저장됩니다.(저장될 때에는 글리코겐으로 변합니다). 몸

이 필요로 하면 바로 다시 꺼내 쓸 수 있도록 말이죠. 설탕을 많이 먹어 인슐린 생성을 교란시키면 신진대사가 증가합니다. 신진대사가 증가하면 산화 작용이 증가해 지방과 당을 더 많이 '태우게' 되지요. 그래서 당밀을 넣어 먹으면 좋습니다. 설탕을 만들 때 결정체가 되지 않은 부산물이 당밀인데, 무기염이 풍부하게 들어 있습니다. 적어도 인이나 마그네슘, 철을 흡수하는 효과가 있지요.

— 혈당 지수가 낮은 음식인 파스타, 감자, 빵, 피자 등은 어떤가요?

그런 음식에 들어 있는 당은 몸속에 천천히 퍼져서 인슐린 과다 생성을 유발하지 않지요. 그래서 권장하는 것입니다. 그런데 그것도 지나치게 많이 섭취하면 인슐린 생성을 촉진시켜 신진대사를 증대시키고 결국 세포의 빠른 노화를 유발한다는 주장도 있습니다. 그래서 파스타나 밥의 섭취량을 줄이고 채소를 더 많이 먹는 게 지혜로운 결론이겠지요. 그리고 되도록 정제하지 않은 밀과 쌀을 먹는 것이 좋습니다.

— 고기도 많이 먹으면 안 되겠고요?

스테이크나 쇠갈비 같은 붉은 고기에는 유해한 지방이 들어 있습니다. 유해 지방이 적은 닭고기나 어린양고기를 먹는 것이 더 좋습니다. 오메가3가 풍부한 생선도 좋겠지요. 유기농 닭고기나 양식이 아닌 자연산 생선이 물론 더 좋습니다.

— 그래도 가끔은 단 걸 먹어도 되겠죠?

먹어도 해가 별로 없는 독은 괜찮습니다. 예를 들어 카카오 함량이 70퍼센트 이상인 초콜릿은 먹어도 좋습니다. 마그네슘이나 신경자

극물질(테오브로민), 카페인, 미량의 세로토닌(뇌에 부족한 세로토닌을 보충해서 우울감을 줄여줍니다)이 들어있거든요. 카카오에는 카테킨(차의 주요 성분) 같은 폴리페놀도 들어 있어 항산화 작용을 합니다. 또 카카오에 들어 있는 페네틸아민은 우리가 사랑에 빠졌을 때 만들어내는 호르몬과 비슷해서 천연 아편유사제인 엔도르핀 생성을 자극합니다. 다크 초콜릿에는 마리화나의 성분인 THC와 비슷한 아난다미드가 들어 있어서 대마초를 피웠을 때와 같은 뇌수용체에 결합합니다.

─ 그렇다면 다크 초콜릿이 마약이로군요!

가벼운 마약이죠. 많이 먹지만 않는다면 건강 보조식품으로 봐도 됩니다. 잉카 제국과 남아메리카의 주민들은 카카오 열매가 힘과 용기를 불어넣어준다고 믿었습니다. 그밖에도 저녁식사를 마치고 가볍게 술 한 잔 하는 것도 기분전환으로 괜찮습니다.

'보완된' 완전식

─ 지금까지 말씀을 듣고 보니 옛 선조들의 식생활을 돌아보게 됩니다. 고대 크레타 섬 주민들의 장수의 비결이 식생활에 있다고도 하지요.

전통 식생활과 과학의 발전이 점점 수렴하고 있는 게 사실입니다. 올리브오일, 생선, 염소젖으로 만든 치즈, 과일과 채소, 견과류를 기본으로 하는 크레타 섬의 식단은 우리가 지금까지 언급했던 음식들과 완벽하게 일치합니다. 이상적인 식단이라고 볼 수 있죠. 또 생물학은 선조들이 지켜왔던 원리를 재발견하기도 했습니다. 그것은 '상보성'

이라는 개념입니다. 두 가지 음식을 함께 먹었을 때 서로의 단점을 보충해주는 효과가 있다는 뜻이지요.

ㅡ 예를 든다면요?

우리 몸에는 스무 가지 아미노산이 꼭 필요합니다. 하나라도 빠지면 안 되지요. 그래야 신진대사에 필요한 여러 단백질을 만들 수 있습니다. 단백질을 구성하는 아미노산 중 하나라도 부족하면(그것을 '제한인자'라고 합니다) 우리 몸은 죽게 됩니다(색깔 천으로 프랑스 국기를 만드는 것과 같은 이치입니다. 파란 천 10조각, 흰 천 10조각, 붉은 천 10조각이 있으면 국기 10개를 만들 수 있겠지요. 하지만 붉은 천이 2조각밖에 없으면 제한인자를 2개만 갖고 있는 셈입니다). 그런데 20개 아미노산 중 8개(라이신과 메티오닌 등)는 몸 안에서 저절로 형성되지 않기 때문에 반드시 외부에서 흡수되어야 합니다. 예를 들어 쌀만 먹으면 라이신이 부족해집니다. 병아리콩만 먹으면 메티오닌이 부족해집니다. 카사바밖에 먹을 것이 없는 아프리카 어린이에게도 여러 아미노산이 결핍되어 있는 것을 볼 수 있습니다. 옛 선조들은 아미노산이 부족하면 안 되다는 걸 본능적으로 알았던 것 같습니다. 라이신이 풍부한 완두, 병아리콩, 대두, 콩을 메티오닌이 많이 든 쌀이나 밀과 함께 먹었으니까요. 쌀과 렌즈콩을 함께 먹으면 고기(고기에는 20개 아미노산이 다 들어 있습니다)와 비슷한 단백질을 먹는 것과 같습니다.

ㅡ 채소, 콩류, 곡물 등을 한 끼에 잘 조합해서 먹기만 하면 고기를 안 먹어도 된다는 말씀이군요.

그렇습니다. 그게 상보성이죠. 옥수수 두 컵과 강낭콩 반 컵을 따로

먹었을 때에는 소고기 스테이크 100그램을 먹을 때와 같은 단백질을 섭취할 수 있습니다. 하지만 옥수수와 강낭콩을 동시에 먹으면 상보성으로 스테이크 143그램을 먹는 것과 같게 되죠. 단백질 섭취량이 약 50퍼센트나 증가할 수 있는 겁니다. 전통 식단이 모두 이런 규칙을 지키고 있다는 게 우연일까요? 북아프리카의 음식인 쿠스쿠스는 밀가루와 병아리콩을 합쳐놓은 것입니다. 인도에서는 밥과 렌즈콩을 함께 먹지요. 러시아에서는 메밀이 들어간 카차를 보리와 함께 먹습니다. 중국에서는 콩과 밥을, 멕시코에서는 붉은 콩과 옥수수를 함께 먹고요. 모두가 라이신과 메티오닌을 서로 보완해주는 식단입니다. 동물성 음식과 혼합하는 나라도 있습니다. 영국의 오트밀(귀리와 우유)이나 이탈리아의 치즈를 넣은 스파게티가 그 예입니다. 상보성이 강한 채식 위주의 식단으로 옛 선조들은 건강을 유지했습니다. 그런 식단이 몸과 뇌에 좋은 단백질을 만들어냈을 뿐만 아니라 농장의 원천 자본은 그대로 두고 거기에서 얻은 것만 사용해서 똑똑하게 절약을 실천했지요. 알을 낳을 닭, 젖을 짤 암소, 쟁기를 맬 소는 잡아먹지 않은 것입니다. 돼지와 양은 잔칫날을 위해 아껴두었고요. 기본적인 생화학 원리들을 적용한 것입니다.

몸에 좋은,
맛있는 음식

겉보기와는 달리, 그리고 유행과는 별개로 간단한 기본 원리들이 있다는 것이군요. 일종의 음식 궁합 같은 것이요.

십여 년 전부터 음식 궁합은 과학적으로도 입증되고 있습니다. 자연에서 얻는 음식이 우리 몸의 신진대사에 어떻게 작용하는지 증명한 것이지요. 거기에는 유전자에 관한 것도 포함되어 있습니다. 음식 궁합이라고 하셨는데요. 아주 간단한 것입니다. 종이 한 장에 적어서 냉장고에 붙여놓을 수 있을 정도입니다.

제가 요약해보겠습니다. 고기, 설탕, 지방은 줄이고 닭고기와 생선을 먹어라. 특히 과일과 채소를 많이 먹어라. 그리고 다양한 음식을 골고루 먹어라. 와인 한 잔은 좋다. 가끔 초콜릿 한 조각, 술 한 잔 정도는 괜찮다. 금욕주의자의 식단은 아니네요. 잔칫날 돼지나 새끼양도 잡을 수 있고요.

이 규칙은 지속적으로 지켜야 합니다. 가끔 진수성찬을 즐길 수 있긴 하지만 말입니다. 몸에 좋은 음식과 맛있는 음식을 완벽하게 양립시킬 수 있습니다. 1979년 《불량식품》이라는 책을 썼을 때 그 책의 아이디어를 낸 아내와 저는 먹는 즐거움을 포기하지 않으면서 몸에도 좋은 식생활을 하는 쉬운 방법을 설명했습니다. 그때도 예방은 즐거움의 박탈이 아니라고 했지요. '식이요법'이라는 말은 '삶의 기술'이라는 뜻을 가진 그리스어 'dieta'에서 파생되었습니다. 따라서 불량식품은 최대한 피해야 합니다. 기름진 음식, 짠 음식, 단 음식도 피해야 하고, 지나치게 많이 먹거나 자주 먹는 것도 자제해야 합니다. 가공식품은 선진국 주민의 비만을 증가시킵니다. 선진국에서는 어린이 비만 문제도 심각합니다. 선진국 주민들은 스트레스가 많아서 아무 음식이나 먹습니다. 운동 부족에, 텔레비전 앞에서 보내는 시간도 많습니다. 그야말로 비만은 전염병이 되었습니다. 미국에서는 인구의 30퍼센트 이상이 비만입니다. 300만 명의 아동이 비만이고, 1400만 명이 과체중인 유럽도 미국을 쫓아가고 있습니다. 그리고 과체중 어린이의 수가 매년 40만 명씩 증가합니다.[19]

몇 년 전부터 유럽에서도 미국인들처럼 비타민이다, 미량원소다 하면서 식품보조제를 챙겨 먹기 시작했습니다.

[19] 프랑스에서는 2003년에서 2005년 사이에 35~44세 성인 중 비만자의 비율이 8.4%에서 11.6%로 증가했다. 성인 1400만 명이 과체중이고 540만 명이 비만이다. 과체중인 사람의 비중은 1997년 28.5%에서 2003년 30.3%로 늘었다.

분명히 알아둬야 할 것이 있습니다. 앞에서 말했던 큰 원칙만 지킨다면 비타민 보조제는 따로 필요 없습니다(철저한 채식을 할 때는 예외입니다). 비타민, 미량원소, 성장호르몬, 오메가3, 베타카로틴, 셀레늄이다 뭐다 해서 섞어 먹는 게 지나칠 때가 있습니다. 서로 다른 성분들이 결합해서 어떤 상승 작용을 내는지 잘 알려져 있지 않습니다. 프랑스에서는 비타민E와 비타민C, 셀레늄을 정기적으로 복용하면 심장혈관질환이나 백내장에 걸릴 확률이 낮아진다는 연구 결과가 나왔습니다. 그러나 지나치게 복용하면 오히려 해롭고 암을 유발한다고 주장하는 학자들도 있습니다. 몸에 항산화제가 많으면 암세포를 죽이는 프리라디칼의 수가 줄어들기 때문이지요. 어쨌든 일단 의심이 가면 안 하는 게 좋습니다. 아무 보조제나 무턱대고 먹으면 안 됩니다. 하루에 비타민E 400밀리그램을 먹어야 한다, 비타민C 1000밀리그램을 먹어야 한다는 건 의미가 없습니다. 사람마다 다 다르기 때문입니다. 뤽 몽테니에가 말한 것처럼 보조제를 먹기 전에 몸의 산화 정도를 아주 정확하게 측정하고 우리에게 필요한 게 무엇인지 알아야 합니다. 뒤에서 말하겠지만 그런 검사가 현재 개발 중입니다.

시간을
벌어주는 잠

— 장수를 위해 몸을 잘 관리하는 방법이 먹는 것에만 있지 않다고 하셨죠. 잠도 조절을 통해 더 효과적으로 수면을 취할 수 있습니까?

솔직히 말하면 과학자들은 아직까지 수면이 우리 몸에 어떤 역할을 하는지 알아내지 못했습니다. 우리는 왜 잠을 자는 걸까요? 뉴런이 재프로그램 되기 위해서일까요? 시냅스가 다시 연결되기 위한 시간이 필요한 걸까요? 뇌에 있는 옛 파일들을 없애거나 메모리를 깨끗이 정리하기 위해서일까요? 몇 시간 동안 의식을 벗어나 있어야 하는 일종의 개조 같은 것일까요? 모두 가능한 얘기입니다. 하지만 정확히 어떤 것인지는 아직 알지 못합니다. 어쨌든 수면은 뇌가 기력을 회복하고 스트레스를 극복하게 해줍니다. 그리고 노화 완화와도 관계가 있습니다. 100살 넘게 사는 노인들은 모두 잠을 잘 잡니다. 확실한 것은 잠을 규칙적으로 자야 한다는 것입니다. 꼭 길게 자야 하는 것은 아닙니다. 대신 정해진 시간에 자고 깨야 하며 자연스럽게 잠이 들어야 합니다.

— 말이 쉽지요. 많은 사람들이 불면 때문에 애를 먹지 않습니까.

불면증에 시달리는 사람들이 많지요. 수면에 좋지 않은 성분을 섭취했거나 스트레스를 많이 받아서 그렇습니다. 피할 수만 있다면 수면제는 복용하지 않는 게 좋습니다. 잠자리에 들기 직전에 활동적인 일을 하거나 과식을 했다든지, 고기나 와인을 많이 먹었을 때에는 잠이 잘 안 옵니다. 습관을 바꿀 때도 마찬가지입니다. 호텔에서 자는 날이나 다음날 비행기를 타야 해서 일찍 일어나야만 할 때는 잠이 잘 안 오지요.

― 잠이 안 오면 어떻게 해야하죠?

잠이 오지 않을 때는 잠들려고 20분 이상 애쓸 필요는 없습니다. 그때는 그냥 자리에서 일어나 책을 읽거나 텔레비전을 보는 게 낫습니다. 한밤중에 잠에서 깼을 때도 마찬가지입니다. 다리에 가벼운 근육 경련이 일어나서 깰 때도 있는데요. 50세 미만 인구의 10~15퍼센트가 그런 증상을 앓는다고 합니다. 그럴 때는 자리에서 일어나 다리를 가볍게 마사지 하거나 걸어 다닙니다. 우유 한 잔을 마시거나 바나나 한 개(마그네슘이 들어 있습니다)를 먹어도 좋습니다. 그리고 무엇보다 시계를 감춰야 합니다. 몇 시인지 확인하면 안 됩니다. 잠이 안 온다고 조바심을 내면 불면증이 더 심해지기 때문입니다. 4시간밖에 못 자도 괜찮습니다. 다음날 보충하면 되니까요. 한번 정도 잠을 설친 건 괜찮습니다. 사실 우리는 생각하는 것보다 잠을 많이 필요로 하지 않습니다. 많이 자는 것은 우울하다는 신호이기도 합니다. 보통 평균 수면시간이 8시간이지만, 그보다 적게 자도 충분한 사람들이 있습니다. 가장 좋은 방법은 1시간 30분 주기로 언제 잠을 깨는지 계산해보는 것입니다. 그리고 날이 밝을 때 혹은 태양광처럼 서서히 밝아지는 전등 빛에 잠을 깨는 것이 좋습니다.

— 잠이란 것을 좀 편하게 대하라는 말씀이군요.

규칙 몇 가지만 지키면 됩니다. 잠을 자러 가기 한두 시간 전에는 일하는 걸 멈춰야 합니다. 또 와인이나 술, 커피처럼 신경을 자극하는 음료는 마시지 말아야 합니다. 또 운동도 피해야 합니다. 잠자리에 드는 일종의 의식 같은 것을 만드는 것도 좋습니다. 잠이 잘 오게 하는 음료를 마시는 것이죠. 따뜻한 우유에 꿀을 타서 마시거나 허브차도 좋습니다. 잠자리 환경도 중요합니다. 어떤 부부들은 '스푸닝 spooning'이라고 해서 수저통에 나란히 정리해둔 숟가락처럼 몸을 포개고 잡니다. 실제로 많은 사람들이 잠이 든다는 것에 불안감을 느끼는데요. 아마도 죽음이 연상돼 그럴 겁니다. 시간을 빼앗기는 게 싫어 잠을 못 자는 사람도 있는데요. 그것은 잘못된 생각입니다. 잠을 자면 머리가 맑아져서 아이디어가 샘솟습니다. 뇌가 가장 활발히 움직이는 시간이 새벽 4시부터 아침 7시까지입니다. 어떻게 보면 오히려 시간을 벌어주는 것이지요. 우리는 잠을 사랑해야 합니다. 우리 몸에 좋은 것이니까요.

'피가 마르고
애간장이 탄다'

— 운동도 장수의 비결인가요?

물론입니다. 운동을 하면 연령을 막론하고 성장호르몬이 자연적으로 생성됩니다. 성장호르몬은 노화를 늦춰주지요. 운동을 하면 근육에 혈관이 새로 생겨나고 지방과 당이 몸에 좋은 요소로 변하는 속도도 빨라집니다. 그러면 지방과 당이 몸에 쌓이지 않아 비만을 피할 수 있지요. 따라서 규칙적인 운동은 오래 살 수 있는 비결 중 하나입니다. 걷기, 자전거 타기, 수영, 천천히 뛰기(신발은 조깅에 적합한 걸 신어야 합니다)를 하거나, 집에서 체조, 요가, 필라테스를 하면 좋습니다. 이런 운동이 또 좋은 점은 습관이 되고 최면 효과가 있다는 것입니다. 명상에 빠져들 수 있는 상태로 만들어줘 스트레스를 줄일 수 있습니다. 익스트림 스포츠는 조심해야 합니다. 스키, 스노보드, 서핑 등은 불규칙적이고 아주 짧은 시간에 근육이나 심장에 무리를 많이 주는 운동이니까요. 테니스, 럭비, 축구도 스트레스가 심한 운동입니다. 근육 단련은 수명 연장에 좋습니다. 거울 앞에서 자기 모습을 보며 아령을 들었다 놨다 하면 근육량이 물리적으로 뿐만 아니라 '심리적'으로도 늘어납니다. 40세 이상이어도 근육을 빨리 키울 수 있습니다. 하지만 아무래도 20세보다는 근육이 빠지는 속도가 빠릅니다.

— 중요한 건 몸에 해로운 스트레스를 이겨내야 한다는 말씀이군요.

스트레스 자체가 나쁜 것은 아닙니다. 우리가 집중하고 있다는 증거니까요. 스트레스는 캐나다 생리학자 한스 셀리에가 만들어낸 말입니다. 프라하대학에 다니던 학생 시절에 고안해 낸 개념이라고 합니다. 한스 셀리에는 스트레스가 없다면 인간이 살아갈 수 없다고 주장했습니다. 스트레스가 나쁘다고 하는 건 스트레스로 우리 몸에서 만들어진 물질이 제거가 잘 안 되기 때문이지요. 스트레스를 받으면 우리 뇌의 시상하부에서 신호를 보내 부신에서 코르티솔이라는 호르몬의 생성이 증가하게 됩니다. 코르티솔은 몸이 외부의 공격에 싸우도록 하는 호르몬입니다. 코르티솔이 몸에서 제거되지 않으면 일종의 오염 물질이 됩니다. 거기에 카페인, 술, 담배까지 결합되면 시상하부에 과부하가 걸리면서 스트레스 물질이 몸에 쌓이게 됩니다. 그러면 신진대사가 교란되어 위험합니다. 면역이 약해질 수도 있고 바이러스나 박테리아가 깨어나 퇴행성 질환, 암, 당뇨병, 관절 질환, 관절염 등을 유발할 수도 있습니다.

우리의 심리 상태가 건강에 직접적으로 영향을 미치고 암도 일으킬 수 있다는 이야기에 이의를 제기하는 사람들도 있다고 알고 있습니다. 적어도 의학에는 충분히 반영되고 있지 않나요?.

유명한 암 전문의들 중에 그 사실을 인정하는 의사들이 늘어나고 있습니다. 물론 그것이 원인이라고 딱 잘라서 말할 수는 없을 겁니다. 하지만 스트레스가 중요한 요인이라는 것은 확실합니다. 처음에도 말했듯이 분석적인 고전 의학에서는 신경계, 호르몬계, 면역계를 따로따로 연구했습니다. 이제는 세 가지 체계가 서로 관련이 있다는 것이 밝혀졌지요. 이제는 '정신신경면역학'이라는 하이브리드한 의학을 발전시켜야 할 겁니다. '피가 마른다', '애간장이 탄다', '똥줄이 탄다'라는 말이 있지 않습니다. 그게 다 이유가 있는 것이지요. 어쨌든 심리 상태가 일부 질병에 영향을 미치고 노화도 앞당긴다는 걸 보여주는 사실들이 속속 보고되고 있습니다.

— 스트레스도 안정제를 먹는 것 말고는 딱히 방도가 없어 보이는데요. 스트레스를 받는 게 우리 잘못은 아니지 않습니까?

스트레스를 어쩔 수 없는 것이라고 생각하는 건 잘못입니다. 뇌와 몸의 조화를 꾀하는 방법이 있으니까요. 뇌와 심장, 이성과 감정은 쌍으로 움직입니다. 요가 수행자처럼 호흡하고 심장 박동을 조절하면 됩니다. 그렇게 하면 신경계를 통해서 뇌의 균형을 회복할 수 있습니다. 엔도르핀 생성도 자극하고 코르티솔 같은 스트레스 관련 물질도 제거할 수 있지요. 수면제나 안정제, 마약 같은 것에 의존하지 않아도 마음만 먹으면 신진대사에 생리학적으로 영향을 미칠 수 있습니다.

— 어떻게요?

먼저 지금 당장 하고 있는 일에서 손을 놓는 습관을 들이는 겁니다. 하루에 10분 정도래도요. 숲에 있는 나무를 쳐다보고, 새의 노랫소리를 듣고……. 말하자면 한 걸음 물러서서 자신에 대해 생각해보고(뭔가 잘못했다는 생각은 하면 안 됩니다) 다시 기운을 찾는 것입니다. 두세 달 정도 하루에 10분씩 명상을 하면 긴장이 두 단계 정도 낮아진다고 합니다. 약을 하나도 먹지 않았는데도 말이죠. 명상법은 책이나 인터넷을 통해 배울 수 있습니다. 눈을 감고 가슴으로 깊이 숨을 들이마시고 내쉬다가 다시 아랫배로 호흡합니다. 요가 수행자가 그렇게 하지요. 심장 박동을 느리게 하고 집중해서 멀리 앞을 바라보다가 시선을 가까운 곳으로 가져옵니다. 그리고 머릿속에서 생각을 비웁니다. 그러다 보면 어느 순간에 파동 같은 것이 느껴집니다. 혼수 상태였다가 깨어난 사람들이 봤다는 흰 빛과 비슷한 것이지요. 그때 얼굴 전체의 근육이 풀리면서 자기도 모르게 입가에 웃음을 짓습니다. 그것이 부처의 미소입니다. 그 상태에서 깨어나면 몸이 조금 노곤해집니다. 먼 여행에서 돌아온 듯 걸음걸이도 느려지지요. 하루에 10분만 집중하면 몇 시간을 잔 것 같은 효과를 볼 수 있습니다. 누구나 쉽게 할 수 있는 방법이고요.

은퇴할 생각을
하지 말라

- 이성이 지배하는 서양에서 환영받지 못하는 동양의 기법을 수용하자는 것이군요.

동양의 침술이 전염병에는 그다지 효과가 없지만 잠을 잘 자게 해주고 통증을 치료하는 데에는 효과가 있다고 알려져 있습니다. 다만 반드시 전문가에게 맡겨야 합니다. 혼자 하는 방법으로는 지압법 정도가 좋습니다. 손가락으로 몸의 특정 부위를 30초 가량 누르고 있기만 하면 되니까요. 발목이나 무릎 뒤를 누르면 잠을 청하는 데 도움이 됩니다. 흉곽에는 심실조기수축, 즉 심장의 불규칙한 박동에 의해 생긴 통증을 완화시키는 지압점들이 있습니다. 목에 있는 지압점을 누르면 편두통과 목의 통증이 완화됩니다. 여러 약초를 인삼과 같이 달여 먹으면 기력이 좋아지고 산사나무는 가슴이 뛰는 증상에 효과가 좋습니다. 이처럼 여러 방법을 이용해서 스트레스를 극복할 수 있습니다.

— 그렇지만 노화 위험에 더 많이 노출된 직위나 직업이 있습니다. 운동선수나 무용수는 말 그대로 몸을 불사른다고 할 수 있고 회사의 임원들은 늘 엄청난 스트레스를 받지 않습니까?

그들은 이미 활동적인 삶을 선택한 사람들입니다. 바쁠 것이라는 걸잘 알고 의식적으로 그것을 선택했지요. 충분히 존중할 수 있습니다. 그런데 그런 사람들과는 달리 의식하지 못한 채 삶을 불태우는 사람들이 있습니다. 정말 불을 지르는 것처럼 결과를 걱정하지 않고 말이지요. 그것도 선택입니다.

— 뇌를 움직이게 하는 일이 중요하다고 하셨는데요. 지적인 영양을 공급해줘야 한다고 말이지요. 오래 살려면 능동적이고 호기심이 많아야 한다는 말씀이군요.

아주 중요한 일입니다. 호기심이나 자극적인 활동 없이 삶을 단조롭게 보내면 일종의 수면 상태에 빠져서 신진대사가 원활하게 이루어지지 않습니다. 그런 의미에서 '은퇴隱退'는 바람직하지 않은 용어라고 할 수 있습니다. 세상을 피해 숨어서도 안 되고, 세상에서 물러나서도 안 됩니다. 그보다는 '삶의 전환'이라는 말이 더 적절하겠지요. 안타깝게도 많은 사람들이 은퇴를 그 의미대로 받아들입니다. "반평생 열심히 일했으니 이제 일은 그만하고 내가 원하는 일을 할 테다!" 이렇게 생각해서는 안 됩니다. 원하는 일을 하지 못하는 경우가 훨씬 더 많습니다. 준비가 되어 있지 않으면 할 수가 없는 것입니다. 사회생활과 경쟁에서 갑자기 떨어져 나오면 우리 몸은 그 상황을 따라가지 못합니다. 류머티즘이나 신장 결석에 걸린 자신을 발견하게 되지요. 최근 뉴욕타임스의 칼럼니스트 토머스 프리드먼은 은퇴 문제에 직면한 유럽인들의 상황을 논평하며 "은퇴하지 말라!"라고 했지요. 우리는 모두 다양한 취미와 인간관계, 즐거움을 그대로 유지할 수 있습니다. 그러면 장수에 도움이 됩니다.

창조적인 활동이 노화를 막는다는 것입니까?

물론이지요! 창조적인 활동을 계속하는 사람은 그렇지 않은 사람에 비해 노화의 속도도 느릴 뿐 아니라 더 나은 노후를 보낸다는 것이 밝혀졌습니다. 닐스 보어에서 라이너스 폴링, 피카소에서 샤갈에 이르기까지 과학자와 예술가의 수명은 평균수명보다 깁니다. 과학자나 예술가에게는 은퇴라는 것이 없지요. 손과 눈, 머리가 있는 한 끝까지 창조적인 일을 할 테니까요. 그렇게 뉴런이 활성화되면 노화 과정이 느려집니다. 지적 활동과 창조적 활동은 창작의 기쁨을 느끼게 하는 엔도르핀뿐만 아니라 몸의 균형을 유지해서 큰 병에 대한 면역력을 높이고 노화를 막아주는 유전자를 활성화시키는 호르몬을 만들어냅니다.

— 지적인 활동만이 기쁨을 느끼게 해주는 것은 아닙니다. 성생활은 어떻습니까? 성생활도 수명을 연장시켜 주나요?

성생활도 우리 삶의 일부입니다. 70세가 넘으면 20대만큼 성생활을 할 수 있다고 말할 수는 없습니다만 연령을 초월하는 감정적·육체적·애정적 관계를 경험할 수는 있습니다. 엔도르핀이 허락하는 은밀한 쾌락이라는 보상을 뇌에게 주고 싶다면 초콜릿 먹기, 좋은 와인 마시기, 사랑 나누기, 친구들과 열띤 토론 벌이기, 좋은 영화 보기를 즐기면 됩니다. 행복한 상태, 자신의 삶에서 조화를 찾은 상태가 수명을 연장시키는 데 분명 기여합니다.

— 자신의 삶에서 조화를 이루려면 다른 사람들과도 조화를 이뤄야 하겠군요.

우리의 몸이 60조 개의 세포가 서로 연결되어 만든 사회와 같듯이 우리는 가족, 사회, 지구를 이루는 세포나 마찬가지입니다. 노인들 중에서 인간관계를 잘 유지한 사람들은 더 오래, 그리고 더 잘 삽니다. 그 관계가 주는 것이던 받는 것이던 혹은 창조를 위한 것이던 말입니다. 인간은 혼자 살아갈 수 없는 존재입니다. 반드시 다른 사람들이 필요합니다. 시누이와 말을 하지 않는다든지, 남동생과 연을 끊었다든지 해서 가족 간의 불화가 끊이지 않으면 그것도 스트레스가 됩니다. 그러면 면역력이 약해져서 노화의 악순환에 빠지게 되지요.

— 남을 원망하면 그것이 나에게 독이 되는군요!

녹처럼 우리를 갉아먹는 독입니다. 피가 끓고 속이 타지요. 나이가 들면서 원망이 가득 쌓이면 그것이 질병의 원인이 될 수 있습니다. 반면에 남에게 베풀면 정신적으로나 생리학적으로 균형을 찾는 데 도움이 됩니다. 불교에서는 하찮은 걱정은 다 지우고 남을 위해 중요한 것에 집중할 것을 권합니다. 나를 위해 간직하지 말고 나를 내주라고 하지요. 영혼과 육체의 조화를 꾀하는 것입니다. 과학에서도 그런 원리를 찾아볼 수 있습니다. 하지만 오해는 마십시오. 안타깝게도 누구나 그런 초연함의 사치를 누릴 수 있는 것은 아니니까요. 가난한 사람, 노숙자, 실업자, 정치적, 경제적, 혹은 사회적 원인으로 심각한 트라우마를 입은 사람들을 생각해보십시오. 그런 사람들이 어떻게 타인과의 관계에서 행복을 느낄 수 있겠습니까? 거듭 강조해서 말하지만 우리가 지금 말씀드리는 것은 가장 최근에 이루어진 과학적 발견과 일치하는 원리들입니다. 그러나 그것을 이데올로기나 도덕, 혹은 누구에게나 들어맞는 생활의 규칙으로 만들어서는 안 될 것입니다. 남에게 본보기를 보이려 해서는 안 됩니다.

100세 장수의 비결

그 좋은 원리가 100세 장수 노인들의 생활방식에도 나타납니까? 100세 노인들이 점점 늘어나고 있는데요. 그들도 음식과 수면, 활력에 관심을 가지고 있나요?

100세 노인들에게는 좋은 유전자가 있어서 박테리아나 바이러스에 대한 면역력이 좋은 것 같습니다. 퇴행성 질환이 싹트기 힘든 땅이라는 것이지요. 특정 질병에 대한 면역력을 높이는 유전자(4번 염색체에 위치해 있습니다)가 있는 것으로 알려져 있습니다. 그러나 노인들의 생활방식도 중요한 역할을 하는 것이 분명합니다. 전 세계 100세 노인들을 조사해보니 비슷한 행동양식이 드러났다고 주장한 연구 결과들이 많습니다. 특히 식생활이 그렇습니다. 모두 소식을 하는 것이지요(과체중의 비율은 1퍼센트 미만입니다). 100세 노인들이 가장 많이 사는 일본 오키나와 지방에서는 "배고픔의 80퍼센트만 채워라"라는 오래된 철학이 있습니다.

― 저희 할머니도 "배가 조금 고픈 듯할 때 식탁에서 일어나라"고 말씀하셨지요.

할머니 말씀이 옳습니다. 앞에서도 말했지만 열량을 제한하면 세포의 신진대사를 '절전' 상태로 만드는 유전자들이 활성화됩니다. 그러면 세포 조직의 노화가 느려지지요. 이탈리아의 사르데냐 주, 그리스의 크레타 섬, 남아메리카 국가들에는 고령 노인들이 참 많은데요. 그들의 식생활은 우리 서양 국가의 식생활과는 다릅니다. 일본처럼 소식을 하고 지방 섭취는 줄이면서도 유제품, 채소, 과일을 많이 먹지요. 100세 노인의 또 다른 공통점은 뇌와 몸을 규칙적으로 훈련시킨다는 것입니다. 정원 가꾸기, 규칙적으로 걷기, 게임 등은 기억력에 도움이 됩니다. 또 가족, 친구, 이웃과 관계를 유지하고 애완동물을 기르는 노인들도 많습니다.

― 지혜로운 사람들이군요.

초연한 성격을 타고난 사람들이 많습니다. 자연과 함께 하는 것을 즐거워하고 일종의 관조와 명상을 생활화한 사람들이지요. 또 주변과 잘 지내려 노력하고 변화의 리듬을 받아들이려 합니다. 흘러가는 시간을 의식하면서 말이지요. 저희 집안 어른들 몇 분에게도 물어보니 죽음에 가까이 다가갈수록 남아있는 시간을 더 소중하게 느낀다고 하더군요. 마지막 시간이 다가온다는 걸 알면 1분 1초가 더 소중해지는 것이지요. 인생이 무덤까지 조금씩 쇠퇴해가면서 내려가는 계단이 아니라 올라가는 계단이라고 바라볼 수 있습니다. 시간이 적게 남아 있으니 한 계단의 가치가 그때까지 올라왔던 계단보다 더 높아지지요. 축적된 삶의 자본이 긍정적인 '시간의 이자'를 낳습니다.

나의 미래는
내가 선택한다

– 말씀하시는 걸 들어보니 해마다 연초에 계획했다가 금세 잊어버리고 마는 결심이 생각납니다. 오늘날처럼 불규칙하고 정신없이 돌아가는 세상에서 장기적으로 몸을 관리한다는 게 참 지키기 힘든 목표 같습니다. 이상적으로만 들리기도 하고요.

요즘 사람들은 시간을 바라볼 때 현재를 중요시하는 경향이 있습니다. 우리가 미래를 제대로 의식하는 순간은 충격이나 질병, 위기를 겪는 순간밖에 없지요. 그래서 가정에서 받는 교육이 중요한 겁니다. 그것이 올바른 식습관과 좋은 생활 습관을 만들어내거든요. 시간이

지나면 저절로 조심하게 되기도 합니다. 정보를 제대로 알면 위험을 줄이면서도 똑같은 기쁨을 느낄 수 있습니다. 도심 한복판에서 인라인스케이트를 타거나 파도가 높을 때 서핑을 하는 것, 담배를 피우거나 과음하는 것, 햇빛에 노출되는 것 등은 우리가 그 위험 정도를 가늠할 수 있습니다. 그 다음에 위험을 감수할 것이냐 아니냐는 개인의 자유에 달린 문제입니다.

그러나 집단적 위험에 대해서는 속수무책일 수밖에 없습니다. 사회가 새로운 오염과 해악을 만들어내는데 개인이 아무리 노력한들 무슨 소용이 있겠습니까? 과학은 한 손으로 인간에게 베풀고 다른 한 손으로는 베푼 것을 거두어갑니다.

사람들은 흔히 두 가지 유형의 위험이 있다고 생각하는데, 그 위험을 평가하는 방식은 매우 다릅니다. 개인이 선택한 위험(제어가 가능하다고 생각합니다)과 사회가 강요한 위험(수용할 수 없다고 생각합니다)이 있다고 생각하는 것이지요. 화학공장이나 원자력발전소, 고압선 가까이 거주하는 것이나 휴대전화를 사용하는 것(휴대전화 사용 시 발생하는 고주파의 장기적 위험에 대해서는 아직 잘 알려져 있지 않습니다)은 실제로 개인 차원에서 제어하기 힘든 위험 요소들을 포함하고 있습니다. 반면 과속으로 운전하는 것, 담배를 피우는 것, 일광욕을 하는 것 등은 개인이 위험을 피하기 위해 제어를 잘 할 수 있다고 생각하지요. 실제 위험과 거짓 위험, 실제 가능성과 미미한 가능성을 구분하기란 쉽지 않습니다. 정보가 복잡하고 전문가들도 늘 의견 일치를 보이는 것은 아니니까요. 이럴 때는 예방의 원칙을 적용하고 적어도 우리가 일상생활에서 할 수 있는 일을 해야 합니다. 죽음이라는 인생 최후의 순간을 미룰 수 있는 것이라면 무엇이든 해볼 만한 가치가 있는 것 아닐까요? 미래에 대해 회의적인 젊은이들이 요즘 많습니다. 암에 걸릴까봐 무섭고, 지구온난화와 오염이 두렵고, 정치와 세계화, 과학은 세상을 바꿀 수 없으리라고 생각합니다. 성급하게 대처하고 금방 체념해버립니다. 그러나 우리가 지금까지 언급한 놀라운 전망과 새로운 발견을 전해준다면 청년들도 금세 열정을 되찾을 것입니다. 아직 발견해야 할 것들이 많이 남아 있습니다. 미래에는 아직 우리를 놀라게 할 많은 것들이 넘쳐납니다.

3장.
120살까지 사는 세상

똑똑해진 알약, 피부에 이식하는 칩, 다시 자라나는 장기……. 장수의 과학적 · 의학적 혁명은 이제 막 걸음마 단계에 들어섰다. 인간의 수명은 더 늘어날 것이고 사람들은 더 건강하게 살 것이다. 그것은 몸을 수리하고 바꾸고 변형시켜 가능해질 것인가?

지금까지 말씀해주신 상식적인 조언들만 지키면 우리 몸이 조화를
이루고, 몸이 최대한 오래 지탱할 수 있도록 유지하는 일이 아주 어
렵지만은 않은 것 같습니다. 더구나 또 다른 혁명의 도움을 받을 수
있을 테니까요. 바로 의학과 기술의 혁명인데요. 우리의 미래는 생각
했던 것보다 훨씬 놀랍겠죠?

그렇습니다. 1950년대 이후 의학은 놀라운 발전을 거듭해왔습니다.
특히 전염병을 효과적으로 막아냈지요. 제약업도 '블록버스터'를 생
산하며 크게 발달했습니다. 블록버스터 약품이란 심장혈관질환, 고
혈압, 콜레스테롤 과다, 우울증, 류머티즘을 앓고 있는 수백만 명의
환자들에게 처방되는 약입니다. 그러나 수십억 달러를 벌어들이는
이 약들이 부작용이나 효능 문제로 비난을 받는 사례가 늘고 있습니
다. 약의 혼용이 새로운 질병을 낳기도 합니다. 병원에 입원하는 것
자체가 원내감염을 일으키는 것과 마찬가지입니다. 말하자면 비생산
적인 치료가 되는 것이지요. 류머티즘이나 콜레스테롤 치료약, 항우
울제 중 일부는 청소년이 복용하면 정신질환을 일으킨다고 밝혀져
시장에서 퇴출되기도 했습니다. 위기에 부딪힌 제약업은 새로운 길
을 모색하고 있지요.

새로운 길이라니요?

의약업계는 '해피메이커', 즉 노인의 삶의 질을 개선하는 약품 개발
로 방향을 선회했습니다. 노인들에게 기억력 유지, 더 나은 외모, 근
력 강화, 성생활(유명한 '비아그라'가 있지요), 탱탱한 피부(레티놀은 주름을

1
2
0
살
까
지
사
는
세
상

개선해줍니다)를 제공하는 약들이지요. 개인적으로는 이로 인해 세 개
의 산업 분야, 바로 제약업계, 화장품업계, 식품업계의 관계가 더욱
긴밀해지리라 생각됩니다. 그렇게 되면 시장에 수많은 '기능성 식품'
이 출시되고 '코슈메슈티컬'(화장품과 의약품의 합성어) 산업이 탄생할 것
입니다. 미국에서는 벌써 수십 개의 벤처기업이 최신의 의학·과학
적 발견을 바탕으로 장수를 돕는 제품을 생산하고 상용화하고 있습
니다. 센타지네틱스[20], 주비논, 어드밴스드 셀 테크놀로지, 바이오마
커스, 크로노젠, 유캐리온[21], 제로테크, 롱지니티, 리주비논 등 이름만
들어도 누구를 겨냥한 브랜드인지 알 수 있지요. 제론처럼 주식시장
에 상장된 기업도 있습니다. 그런가 하면 장수 유전자를 연구하는 기
업[22]은 100세 노인의 유전자, 그리고 이를테면 장수'병'에 걸린 가족
의 유전자를 연구하고 있습니다. 대형 제약사가 이런 벤처기업을 인
수하거나 직접 계열사를 만들 가능성도
큽니다.

— 컴퓨터 산업이나 유전학의 발달과 비슷
한 현상이군요.

생명공학기술과 컴퓨터과학 분야에서

[20] 센타지네틱스는 레오나드 가렌티와 신시아 케넌이 설립한 일럭서 파르마슈티컬과 합병했다.
[21] 유캐리온은 2004년 12월 프로테옴 시스템스에(현재는 타이리언 다이아그노스틱스로 이름을 바꾸었다)게 인수되었다.
[22] 아이슬란드의 디코드 제네틱스와 미국 캘리포니아의 로슈 다이아그노스틱스.

그랬던 것처럼 신생기업의 증가는 하나의 신호입니다. 장수는 앞으
로 응용연구 분야의 핵심 테마가 될 것이 분명합니다. 또 그로 인한
경제 효과도 클 것입니다. 한편 산업 분야뿐만 아니라 기술도 융합될
것입니다. 정보 기술, 생명 기술, 환경 기술이 융합되는 것입니다. 접
두사 '바이오', '정보', '에코'의 중요성은 더욱 강조될 것입니다. 머지

않아 집, 병원, 사무실 곳곳에 설치된 미세한 칩을 통해서 정보를 수집하고, 그 정보에 따라 반응하게 될 것입니다. 그렇다고 기술만 있으면 만사형통이라는 얘기는 아닙니다. 우리 사회가 새로운 혁신을 받아들이는 데 얼마나 부정적인지는 잘 알려져 있습니다. 또 새로운 제품은 여러 나라에서 비판의 대상이 되고 있고 또 그것이 당연한 일입니다. 일부 기업이 지나치게 서두르는 감이 있고 제품이 대중적으로 널리 사용됐을 때 나타날 부작용에 대한 연구도 부족하기 때문입니다. 하지만 노인의 생활수준을 개선할 수 있는 새로운 방법을 향해 나아가고 있는 것은 사실입니다. 또 개인별로 맞춤화된 질병 예방에 관한 연구도 큰 혁명이라고 할 수 있습니다. 이것은 해피메이커 이후에 제약업계가 또다시 새로운 전환을 모색할 수 있는 중요한 분야입니다.

건강 계기판

- 개인별로 맞춤화된 질병 예방이란 무엇입니까?

불특정 다수를 대상으로 개발된 약으로 발병한 이후에 치료를 하는 것이 아니라 사전에, 그러니까 증상이 나타나기 전에 미리 개입하는 방법입니다. 누구에게나 효과를 발휘하리라 가정한 약이 각 개인에게 어떤 효과를 낼지 알 수 없으니까요. 운동량, 식생활, 유전적 소인 등 개인의 생활방식과 특성을 고려하는 것입니다.

- 모두가 아닌 개인을 위한 의학이라……. 좀더 자세히 설명해주시겠

습니까?

우선 우리 스스로 간단한 건강 검진을 할 수 있습니다. 예를 들어 사용이 간편한 기기를 욕실에 설치하면 됩니다. 현재 구비된 기기는 두 개밖에 없습니다. 바로 거울과 저울이지요. 하지만 머지않아 혈압계나 혈중 콜레스테롤과 요소의 양을 측정할 수 있는 기기 등 새로운 도구들을 갖출 수 있게 될 것입니다. 여성이 아주 간편하게 사용하는 임신테스터와 비슷하지요. 자동차에 휘발유, 엔진오일, 엔진의 온도 등을 표시하는 계기판이 설치되어 있는 것과 마찬가지로, 원하는 사람은 누구나 일종의 '건강 계기판'을 구비할 수 있게 될 날이 머지않았습니다. 필립스와 같은 대기업은 이 분야에 이미 뛰어들었지요.

흥미롭군요. 하지만 그렇게까지 할 필요가 있을까요?

질병의 신단이나 치료를 정밀하게 하는 데 도움이 될 것입니다. 지금은 기준이 평균적으로 정해지기 때문에 진단이 매우 임의적일 수밖에 없습니다. 정해진 기준치보다 수치가 낮으면 건강하고 수치가 높으면 아픈 겁니다. 예를 들어 혈압이 140에 90이라면 베타차단제나 이뇨제, ACE억제제[23]가 처방될 것입니다. 부작용이 있는 약들이지요. 콜레스테롤도 마찬가지입니다. 혈액 1리터당 2그램이 넘어가면 치료를 해야 합니다. 이 기준을 가지고 널리 사용될 약의 성분을 결정하게 됩니다. 개인에게 사용했을 때 정도의 차이는 있어도 대충 효과를 내도록 하는 것이지요. 그런데 혈압이 기준치를 초과해도 잘 사는 사람들이 있습니다. 식생활과 생활방식이 건강하기 때문에 가능한 것이지

[23] 안지오텐신 전환효소 억제제. 안지오텐신-1이 고혈압을 일으키는 안지오텐신-2로 전환되는 것을 억제한다.

요. 그런가 하면 기준치에는 못 미쳐도 진찰을 받아야할 사람들도 있습니다. 잘못된 생활습관이 장기적으로 퇴행성 질환을 야기할 수 있기 때문이지요. 또 개개인이 스스로 몸의 산화 정도나 바이오마커(C반응성단백질)의 존재 여부를 체크할 수 있어야 합니다. 혈액에 바이오마커가 있는지를 확인하면 심장혈관질환에 걸릴 위험이 높은지 한참 전에 미리 알 수 있어 대비를 할 수가 있습니다. 최근에는 C반응성단백질이 가장 믿을 수 있는 노화 바이오마커라는 연구 결과가 발표되었습니다. 그래서 일부에서는 소염제를 노화방지제로 처방하기까지 합니다.

45퍼센트
산화되었습니다

― 그렇다면 앞에서 말씀하신 것처럼 우리 몸의 세포가 산화할 때 그 정도를 측정할 수 있다는 건가요?

여러 제약사가 이미 그런 테스트를 실시하고 있습니다.[24] 혈액을 채취하거나 내쉰 숨을 채집하는 간단한 방법으로 이루어집니다. 그렇게 해서 몸의 주요 성분이 어느 정도 산화되었는지 알게 되면 맞춤화된 계산표를 마련할 수 있습니다. "주의하십시오. 몸이 많이 산화되었습니다. 운동을 지나치게 많이 하는군요. 그렇게 운동을 계속하면 2~3년 안에 신진대사가 불규칙해져 심장혈관질환이 발병할 수 있습니다." 이런 진단이

24 벨기에의 프로바이옥스.(http://www.probiox.com)

내려지면 어떤 식생활을 해야 하는지 권할 수 있습니다. 그리고 걷기 보다는 수영이 낫다든지, 유전적 소인이 위험군에 속하면 어떤 음식은 피하라든지 하는 조언을 줄 수 있지요. 또 맞춤화된 예방적 치료를 통해 심각한 질병이 생기지 않도록 막을 수도 있습니다. 일정한 나이가 되면 그때부터는 몸의 산화 정도를 측정하고 세균 검사도 받아서 몸에 있는 바이러스와 박테리아를 알아내야 합니다. 또 특정한 경우에는 유전자 검사로 가족력에 따른 소인도 알아보아야 합니다.

— DNA 분석이 일상적인 예방 검사가 되겠군요.

'바이오칩' 개발로 DNA 분석을 대중화할 수 있습니다. 작고 납작한 칩(그 위에 DNA 사슬이 화학적으로 결합되어 이식됩니다)이 일정 조건에서 활성화된 유전자를 잡아내면 어떤 효소가 과다 분비되거나 부족한지 미리 알아낼 수 있습니다. 예를 들어 전립선암이나 유방암의 특징을 나타내는 사람을 구분할 수도 있습니다. 칩이 개발되는 것은 시간 문제입니다. 그렇다면 거기에 맞춰 치료 방법을 다시 짜고 유전자의 대사 능력에 맞춰 약의 복용량을 결정할 수 있습니다. 20년 안에 예방 건강 검진이 가능할 것입니다. "어떠한 음식, 활동, 환경을 피하면 어떠한 질병을 막을 수 있습니다"하고 알려주는 것입니다.

— 증상이 전혀 없는데도 질병에 걸릴 확률을 알아보는 '예측' 의학이군요.

그렇습니다. 물론 비용은 클 것입니다. 또 신중해야 합니다. 병에 걸릴 위험을 아는 것도 좋지만 그에 대비할 수 있는 치료법을 갖고 있어야 합니다. 치료도 할 수 없는 병에 걸릴지도 모른다는 사실을 미리 알게 되는 것은 모르느니만 못한 법입니다. 그 예측 정보가 철저한 대외비여야 한다는 것은 두말할 필요도 없습니다. 개인 본인은 의료기록을 볼 수 있도록 하되, 의료기록을 차별적으로 사용할 위험이 있는 기업이나 보험회사는 기록에 대한 접근을 금지해야 합니다. 가족력 때문에 유방암에 걸릴 확률이 높다고 해서 은행이 대출을 거부한다고 한번 생각해보십시오.

몸에 대한 유지보수 계약

- 아프지도 않은데 건강에 관심을 가져야 한다면 사람들의 의식부터 변해야 할 것 같습니다.

선조들의 옛 지혜를 다시 새겨볼 수 있는 대목입니다. 중국 한의학의 원리 중 하나가 약초를 사용한 질병의 예방과 몸의 서로 다른 기운(음양)이 맺는 관계에 관한 연구입니다. 의사가 일종의 '삶의 카운슬러', 바이오노미 카운슬러가 될 수 있을 것입니다. 서양 의학에서 주치의 제도를 둔 것도 같은 맥락입니다. 맞춤화된 질병 예방은 생명을 연장하는 길입니다. 보험회사와 연계한 제약사와 '유지보수 계약'을 맺는 것도 생각해볼 수 있습니다.

- 몸에 대한 유지보수 계약 말입니까? 자동차나 보일러를 사면 받는 보증서처럼요?

가능할 거라고 생각합니다. 보통 회사에서는 전문기업과 계약을 맺

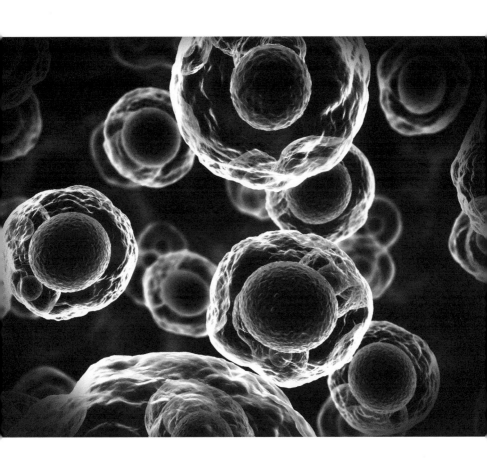

고 점검을 통해 설비를 감가상각합니다. 이 방법을 그대로 몸에 적용할 수 있을 것입니다. 전문기업이 특정 질환(유방암, 전립선암, 알레르기, 심장혈관질환 등)에 대한 가족력을 고려해서 계약을 제안하고 병에 걸리지 않기 위한 식생활과 운동을 컨설팅해주는 것입니다. 전문가가 최첨단 자동차를 인터넷으로 원거리 점검하는 것처럼, 우리도 머리카락 한 올, 혈액 한 방울, 입안의 상피세포 하나를 가지고 생물학적 테스트를 집에서 한 다음 그 결과를 의료센터에 보낼 수 있을 것입니다. 사후 관리는 고객센터에서 전화로 이루어질 것입니다. 물론 위험 요소도 존재합니다. 인터넷으로 항시 진단이 가능한 원격의료는 자가 처방을 비롯한 부작용을 낳을 수 있습니다. 비용과 보험공단의 의료비 환불도 문제입니다. 의료 불평등의 문제도 있습니다. 선진국에서는 이런 유지보수 계약이 일반화될 테지만 개발도상국에는 국민의 건강에 대한 지속적인 관리가 필요한데도 식수나 균형 잡힌 식단에 대한 접근권조차 부재한 곳이 많습니다.

– 몸을 유지하는 것이 선생님과 같은 낙관적이고 적극적인 사람에게는 좋겠지만 사실 자기 엔진을 들여다보고 싶은 사람이 그렇게 많지는 않습니다. 몸에 이상이 없는 한 그 안에서 벌어지는 일은 외면하고 싶은 것이지요.

맞습니다. 기계가 된 듯한 기분이 들게 하는 정밀검사를 받고 싶어하지 않는 사람들도 있습니다. 하지만 가족력을 가지고 있는 사람들은 이른 노화를 막고, 걸릴 위험이 있는 질병을 피하고 싶어합니다. 제가 말씀드리는 것이 모든 것을 해결해주는 방법은 아니지만 어쨌든 미래에 선택할 수 있는 길 중 하나입니다. IBM컨설팅그룹은 표적치료제와 맞춤화된 서비스 강화를 내세운 프로그램을 제약업계에 제안하고 있습니다('파마 퓨처Pharma Future' 프로그램).

몸 속의 소형 전자
인체기관

― 모든 사람에게 똑같은 약을 처방하는 의학에서 개인별로 맞춤화되고 더욱 정교한 예측을 하는 의학으로 이행하려면 혁명적인 기술 발전도 병행되어야 합니다. 생물학과 컴퓨터과학의 결합은 누가 이루어낼까요?

신체에 직접 접촉하거나 아예 몸에 이식된 제어장치를 개발해서 잘못된 신진대사를 잡아내고 고치는 방향으로 나아가고 있습니다. 인공심박조율기, 제세동기, 인슐린펌프, 항파킨슨약 주입기 등은 이미 사용되고 있고 앞으로 더 업그레이드 될 것입니다. 인공심박조율기를 예로 들어볼까요? 이 장치를 피부에 이식하면 심장을 자극해 규칙적으로 뛰게 합니다. 예전에는 박동 리듬이 늘 똑같았지만 새로 나온 기계는 더 똑똑해서 몸에서 정보를 얻어 몸이 뛰고 있는지, 사랑을 나누는지, 영화를 보고 감동을 받았는지 등을 파악해서 박동을 조절합니다.

― 심장마비가 오면요?

심방세동이 발생했을 때 생명을 구하려면 10분 안에 조치가 이뤄져야 합니다. 심방세동은 심장의 전기활동이 완전히 무너져서 심실의 물리적인 수축과 이완이 이루어지지 않아 심장 기능이 떨어지는 것입니다. 그때 응급실에서 자주 볼 수 있는 심장충격기를 사용해서 심장에 전기를 흘려보내야 합니다. 요즘은 개인용 심장충격기가 있어서 아주 편하게 사용할 수 있습니다. 두꺼운 책 크기의 휴대용 심장충격기를 켜면, 웃옷을 벗겨 가슴이 드러나게 해라, 전극을 어떻게 붙여라 등의 사용 방법을 음성으로 알려줍니다. 환자의 몸무게와 키에 따라 충격 강도를 기계가 자동으로 계산합니다. 승인이 나기까지 오래 걸리긴 했지만 이런 종류의 기계가 불을 끄는 소화기만큼 일상적으로 사용될 것입니다.

― 집에다 구비해두어야 하겠군요.

몸에 지닐 수도 있습니다. 인공심박조율기처럼 소형 제세동기를 몸에 이식할 수 있으니까요. 동맥에 카테터를 심으면 비정상적인 심장박동의 특징적인 신호를 잡아내서 곧장 전기 충격을 줍니다. 딕 체니 미국 부통령도 2001년 6월 30일에 제세동기를 이식받았습니다.

― 제세동기를 이식한 사람은 언제 어디서든 모르는 사이에 전기 충격을 받을 수 있군요. 길거리에서도 가능하고요.

그 충격으로 살 수 있는 것이지요. 파킨슨병도 마찬가지입니다. 뇌에 칩을 이식해서 정확한 전기충격을 가하면 파킨슨병을 초래하는 현상을 안정시킬 수 있어 환자가 조절할 수 없는 몸의 떨림 현상을 멈출 수 있습니다. 이식 가능한 소형 전자칩이나 바이오센서가 더 많이 개발될 것입니다. 그런 소형 전자 인체기관들이 더 많은 질병을 치료

해줄 것입니다.

피부 밑의 디지털 천사

― 그렇게 되면 우리는 24시간 기계에 연결되어 도움을 받게 되겠군요.

그게 다가 아닙니다. 스마트섬유라는 것도 있습니다. 티셔츠 섬유에 바이오센서가 들어 있어서 땀의 성분, 심장 박동, 혈압을 측정할 수 있습니다. 전자칩에 의해 티셔츠가 기기에 정보를 제공하면 기기에서 온라인으로 그 정보를 의료센터에 전달합니다. 심장마비가 일어나면 경보가 울리면서 환자의 위치가 GPS로 전달됩니다. 그렇게 해서 응급 구조대가 빨리 현장에 도착할 수 있지요. 앞으로 장애인이나 위험군에 속하는 사람들을 위한 24시간 서비스가 일반화될 가능성도 있습니다.

― 역시 이식을 해야 하는 건가요?

그럴 가능성이 높습니다. 머지않아 피부에 이식할 수 있는 칩이 개발될 것입니다. 쌀알 크기의 칩은 다양한 기능을 수행하고 위성으로 안테나 기지국을 통해 외부와 정보를 교환할 것입니다. 원래 전자칩은 위치 추적에 사용하기 위해 개발되었습니다. 동물, 죄수, 또는 납치된 부유층 자녀의 위치를 알아내려 했던 것이지요. 그와는 별도로, 의료 분야에 칩이 사용되는 것은 흥미롭기도 하지만 우려스럽기도 합니다. 정보를 다루는 데 주의가 필요하죠.

― 예를 들면요?

미국의 한 기업에서 '디지털 앤젤'이라는 프로그램을 내놓았습니다. 피부 밑에 의료 정보를 담고 있는 칩을 이식하는 것이지요. 갑자기 교통사고를 당했다고 생각해 보십시오. 응급 구조대 의사가 바코드 리더와 비슷한 소형 센서를 피부에 대기만 하면 곧바로 의료 기록을 볼 수 있습니다. 이것은 환자의 동의 없이 '이력추적'을 한다는 문제를 낳기도 합니다. 또 다른 목적으로 활용(또는 악용)될 수도 있습니다. 그런 전자칩을 이식받은 영국인 연구자를 알고 있는데요. 그 사람이 컴퓨터 앞에 앉거나 연구소 정문 앞에 서면 전자칩이 곧바로 신분에 관한 정보와 비밀번호를 보냅니다. 그 사람의 아내도 똑같은 전자칩을 이식받았는데요. 부인이 가까이 다가오면 기분 좋은 전기 자극이 느껴진다고 하더군요.

─ 그런 일이라면 전자칩이 필요 없을 것 같은데요.

아름다운 여성이라면 저는 눈빛만 보내줘도 충분할 것 같습니다. 사실은 저도 부작용이 우려되는 반갑지 않은 기술에 대해서는 아주 비판적입니다. 하지만 이식 가능한 칩에는 여러 가지 장점이 있고, 일부 칩은 실제로 몸 안에서 작동할 것입니다. 인체에 들어가면 녹을 수 있는 단백질로 만들어진 생체친화형 칩은 특정 물질이 몸 안에 들어 있는지 분석해서 신진대사의 불균형을 회복시켜줄 것입니다. 면역 체계가 거부 반응을 일으키지 않는 좋은 물질을 적절한 시간에 내보내는 것이지요. 예를 들어 혈당이 지나치게 많으면 복강에 이식한 펌프를 작동시켜 인슐린을 생성시킵니다. 인공 췌장이나 마찬가지이지요.[25] 또 다른 방법은 살아 있는 세포(랑게르한스섬)를 담고 있는 소형 저장고를 이식하는 것입니다. 췌장에 들어 있던 이 세포는 인슐린을 만들어냅니다(면역체계의 공격을 막기 위해 랑게르한스섬에 아주 작은 구멍을 냅니다. '나노포어'라고 불리는 작은 구멍들은 당과 인슐린만 통과시키고 크기가 큰 항체는 걸러냅니다). 이것이 '나노의학'의 한 예입니다.

— '스마트 알약'이라고도 부르더군요.

네. 지금은 의사의 처방대로, 예를 들어 여섯 시간에 한 번씩 약을 먹지요. 그런데 적은 양의 약이 규칙적으로 몸에 퍼지는 게 더 좋다고 합니다. 또 가능하면 필요한 곳에만 투여되는 것이 좋구요. 스마트 알약[26]의 역할이 바로 그것입니다. 스마트 알약은 노인의 만성 질환과 퇴행성 질환 치료에 큰 희망입니다.

25 Éric Renard, Jacques Bringer, "Insulinothérapie par pompes portables et implantables", *Sang, Thrombose, Vaissaux*, April 2001, vol. 13, n° 4, pp.204-212 (Hôpital Lapeyronie, 34295 Montpellier, cedex 5).

26 최초의 스마트 알약 개발자는 MIT의 로버트 랭어 교수다. Robert Langer *et al.*, "Q controlled-release microchip", *Nature*, Jan 28, 1999, pp.335-338; Robert Langer *et al.*, "Multi-pulse drug delivery from a resorbable polymeric microchip device", *Nature*, 2003, Materials 2, pp.767-772.

인공 배양된
인체기관

— 지금까지 말씀하신 것은 모두 매우 정교한 의학에 속합니다. 그렇다고 해도 인체기관에 때가 끼고 노화되는 것을 막지는 못합니다. 몸에 녹이 슬수록 질병이 생길 것입니다. 이번에도 자동차처럼 사용한 부품을 교체하는 표준 계약이 가능할까요?

이미 여러 곳에서 그렇게 하고 있습니다. 심장과 신장 이식은 별 탈 없이 이루어지고 있지요. 이식한 기관을 거부하고 면역 체계가 약해

질 위험이 있기는 합니다. 어쨌든 '조직공학'은 앞으로 더 발전할 것 **몸**

입니다. 향후 20년 안에 고장난 기관을 교체하거나 재생하는 일이

가능해질 것입니다. 거기에 배아세포를 사용하는데요. 배아세포란

배아의 발달 초기에 아직 분화되지 않은 세포를 말합니다. 현재 배아

세포를 시험관에서 배양하는 일이 가능합니다(10년 전만 해도 불가능한

일이었지요). 성장 성분, 비타민, 호르몬을 투여해서 심장 세포나 뉴런

이 될 수 있도록 수요에 따라 특화시키는 겁니다.

— 장기를 키우는 것이로군요. 그런데 배아세포는 어디에서 구합니까?

그것이 문제입니다. 현재 치료 목적으로는 인공수정에서 사용하고

남은 인간 배아를 씁니다. 말하자면 세포를 만들어내는 공장처럼 인

간의 조직을 이용하는 것이지요. 윤리적인 측면에서 크게 문제가 될

수 있는 부분입니다. 다른 가능성도 존재합니다. 환자 본인의 피부

세포에서 분화기능을 없애 배아세포로 만드는 것입니다. 그런 다음

세포를 처리해서 새로운 분화기능을 부여하고 원하는 조직으로 자

라게 하면 됩니다. 인간 배아를 쓸 필요가 없어지는 것이지요.

— 제 심장이 망가져서 교체해야 한다면 어떻게 되는 겁니까?

피부세포 몇 개를 먼저 채취한 다음 세포가 어린 시절로 돌아가도록

배양합니다. 그리고 심장 근육을 만들 수 있게 한 다음 몸에 이식하

면 거부 반응이 일어나지 않습니다. 본인의 세포와 유전자니까요. 그

렇게 해서 심장에서 괴저가 일어난 부분을 재생시킵니다. 이 조직공

학 기술의 미래는 아주 밝다고 할 수 있습니다. 또 다른 방법은 세포

가 붙어서 자랄 수 있는 골격을 생분해 물질로 만드는 것입니다. 골

1 2 0 살 까 지 사 는 세 상

절된 코의 연골이나 사고로 다친 무릎의 연골을 재생할 수 있는 방법이지요. 간이나 신장 조직도 그렇게 만들면 되겠지요. 현재로서는 사망자의 가슴을 열어서 간이나 신장에 연결된 혈관을 모두 정리해야 이식이 가능합니다. 판을 크게 벌려야 하는 것이죠. 하지만 앞으로는 기관을 재생해서 몸 안에서 직접 자라게 만들 수 있을 것입니다. 동물의 재생 능력에서 많은 것을 배울 수 있는데요. 전 세계 수많은 연구소가 관심을 쏟고 있는 부분입니다. 도롱뇽의 발이나 도마뱀의 꼬리, 히드라가 가진 재생의 비밀을 알아낸다고 생각해보십시오. 인간에게도 그 현상을 적용할 수 있지 않을까요? 인간도 재생 능력을 가지고 있습니다. 간도 4분의 1만 있으면 다시 자랄 수 있고, 혈액 세포, 피부의 외피층, 어린아이의 손가락 끝도 재생됩니다.

뇌는 자랄 수 없나요? 뉴런 다발을 다시 자라게 해서 기억력을 되찾을 수는 없을까요?

그것은 좀 다른 문제입니다. 뇌세포가 서로 어떻게 연결되는지는 밝혀졌습니다. 뉴런은 자라면서 덩굴식물의 줄기처럼 서로를 향해 뻗어갑니다. 뉴런의 표면에 있는 단백질이 연결을 활성화하거나 차단하는 역할을 하지요. 하지만 실타래처럼 엉켜 있는 뉴런의 연결 전체를 파악하려면 아직 멀었습니다. 뇌의 비밀은 아직까지는 과학소설이 즐겨 찾는 주제입니다.

세포를
속이는 기술

— 그렇게 말씀하시니 다시 암세포가 생각납니다. 암세포도 몸속에서 자라지만 규칙을 지키지 않고 마구 자라나서 몸을 장악합니다. 암세포의 전략을 어떻게 하면 막아낼 수 있을까요?

암은 나이가 들수록 잘 걸립니다. 침략자를 막아낼 항체를 만들어야 할 면역세포가 암세포를 침략자로 알아보질 못합니다. 암세포가 면역세포를 속이기 때문이지요. 모습을 바꾸고 혈관망을 이용해 영양분을 빼먹고 온몸을 돌아다니며 전이를 일으킵니다. 현재 악성 암세포를 무력화하는 기발한 치료법을 개발 중입니다. 면역세포를 속이는 암세포를 다시 속이는 것이지요. 종양에서 특정 단백질을 추출한 다음 그것을 백혈구에 이식합니다. 백혈구는 빠르게 분열해서 수지상세포로 변합니다. 별 모양의 수지상세포에는 수많은 돌기가 뻗어 있습니다. 그렇게 되면 면역세포가 적을 알아보고 암과 전이를 일으키는 단백질을 가진 세포를 모두 공격하게 됩니다. 이 방법으로 좋은 결과를 얻었습니다. 그러나 환자 한 사람이 감당하기에는 비용이 엄청난 치료법이지요.

— 그렇다면 앞으로 의료 불평등이 커져서 부자들만 최첨단 의료기술의 혜택을 받을 수 있게 될까요?

그것은 살펴볼 만한 문제입니다. 의료영상도 똑같은 문제를 낳습니다. 그동안 의료영상 기술이 크게 발전했기 때문에 이제는 콩알만한 크기의 암도 다 찾아낼 수 있습니다. 그래서 여러 암을 조기에 효과적으로 치료할 수 있지요. 그렇다면 사람들 모두 최첨단 의료영상 검사를 받아서 암을 예방해야 할까요? 비용이 엄청 나겠죠.

― 질병의 예방과 퇴치가 점점 더 어려워지고 있습니다. 그런데 노화 과정 자체를 늦출 수는 없습니까? 그런 작용을 하는 호르몬이 존재한다는 것이 알려졌는데요.

새로운 정보를 다 믿지는 마십시오. DHEA는 다른 호르몬들을 지휘하며 노화를 늦추는 천연 호르몬입니다. 그러나 이론이 늘 현실과 맞아떨어지는 것은 아닙니다. DHEA 수치가 낮은 사람의 노화 속도가 낮은 경우도 있으니까요. 우리의 지식 수준에서는 신중을 기하는 것이 좋습니다. 성장호르몬도 마찬가지입니다. 성장호르몬은 일정 나이가 될 때까지 우리 몸에서 자연스럽게 생성됩니다. 또 성장기가 지나도 운동을 할 때 성장호르몬이 분비되기도 하지요. 성상호르몬이 우리의 신체기관 중 일부를 활성화하는 데 기여한다는 것은 분명합니다. 그러나 어떤 부작용이 있는지는 아직 모르기 때문에 성장호르몬을 투여하는 것은 위험합니다. 멜라토닌도 장기적으로는 부작용을 일으킬 수 있습니다. 개인적으로는 새로운 접근법 중 가장 적당한 것은 앞에서도 말했던 주비논(알파리포산과 L-카르티닌)입니다. 항산화제이자 미토콘드리아에 이상적인 영양분이지요(미국에서 판매 중입니다). 미토콘드리아를 젊게 유지하는 것이 노화의 속도를 늦추는 좋은 방법입니다.

― 유전학 쪽에서는 희망이 없습니까? 예를 들어 고장난 유전자를 고칠 수는 없나요?

유전자 치료는 외부 공격을 막아낼 수 있는 유전자를 DNA에 심는 것입니다. 하지만 유전자 치료는 많은 실패도 맛보았습니다. 최근에 개발된 치료법은 전망이 밝습니다. 세포에서 일어나는 단백질 생성에는 메신저 역할을 하는 전령RNA가 중요합니다. 전령RNA는 DNA의 일부를 복제한 것이지요. 우리는 가짜 메신저(간섭RNA)를 만들어서 이 과정에 개입할 수 있습니다. 이 간섭RNA는 특정 유전자의 발현을 막는 역할을 합니다. 식물에서 발견된 이 과정[27]은 이미 흥미로운 결과를 보여주고 있습니다. 특히 바이러스의 번식을 막는 효과가 있었습니다. 그렇게 해서 미토콘드리아의 DNA에 분열 과정에서 발생하는 복제의 실수를 바로잡을 수 있을 것입니다. 복제가 잘못되면 미토콘드리아가 시간이 흐르면서 노화됩니다. DNA가 한 번만 변이를 일으켜도 세 종류의 노인성 질환(고콜레스테롤혈증, 고혈압, 저마그네슘혈증) 발병과 관련되기 때문에 그것은 매우 중요한 문제입니다. 이것이 진정한 분자의학의 출발점입니다.

27 M. Wassenegger, S. Heimes, L. Riedel, H. L. Sanger, "RNA-directed de novo methylation of genomic sequences in plants", *Cell*, Feb 11, 1994, 76 (3), pp.567-576.

인간에게 장착되는
화학적·물리적 인공물

— 지금까지 이야기는 신기하기도 하고 무섭기도 합니다. 나이가 든 몸에 인공물, 전자 칩, 미니 센서를 주렁주렁 연결하고 다닌다니요. 그 칩과 센서들이 이곳저곳 호르몬 분비를 명령하고, 안전을 위해 우리

의 위치를 의사에게 전달하는가 하면 몸이 잘못되었을 때 전기충격을 보낸다는 것 아닙니까. 아침마다 약을 복용하고 욕실에서 매일 건강 상태를 체크하고요. 뇌에는 전선이 연결되고 피부에는 의료 기록을 저장하고 다니겠지요. 그렇다면 미래의 노인은 건강하다고 해도 사람이 아니라 기계가 아닙니까? 우리가 진짜 인간의 모습을 잃어버리게 되는 건 아닐까요?

아주 중요한 질문입니다. 우리의 몸을 어디까지 변형시킬 수 있을까요? 첫 번째 단계는 사람의 몸을 '수리'하는 정도입니다. 심각한 질환을 일으키는 신진대사의 기능을 바꾸거나 잘못된 부분을 대체하기 위해 몸을 수리하는 것이지요. 인공심박조율기는 심장의 메커니즘을 대신하고, 수정체 이식을 통해 백내장을 치료할 수 있습니다. 티타늄으로 만든 인공뼈로 문제가 생긴 관절을 대체할 수도 있고요. 대부분의 사람들이 윤리적으로 그렇게 문제가 되지 않는 이런 수리에 대해서는 동의를 합니다. 두 번째 단계는 사람의 몸을 '변형'시키는 것입니다. 우리를 크게 변화시킬 기능을 첨가하는 것이지요. 앞에서 말한 간섭RNA를 가지고 특정 호르몬 생성을 막을 수도 있고, 파킨슨병의 증상을 없애기 위해 뇌를 변형할 수도 있습니다. 조직공학 기술로 간을 재생할 수도 있고, 유전자치료를 통해서 한 유전자를 다른 유전자와 바꿔치기할 수도 있습니다. 이 단계에서는 그러한 개입이 정말 필요한가, 보조를 지나치게 많이 받고 있지는 않은가 생각해볼만 합니다. 더군다나 인공물은 배터리 하나를 충전하는 데에도 외부시설에 의존해야 할 테니 말입니다.

사람을 '증강'시키는 것입니다. 자연적인 기능을 강화하거나 더 성능이 좋은 새로운 기능을 추가하는 것이지요. 예를 들면 망막 뒤에 칩을 이식하면 꿀벌처럼 적외선이나 자외선을 눈으로 볼 수 있게 됩니다(이 기술은 물론 군대에서 관심을 갖습니다). 뇌에 바이오칩이나 미니디스크를 심어 뇌의 기억 용량을 증가하는 방법도 생각해볼 수 있습니다. 혹은 비아그라를 복용하는 대신 칩을 중요 부위에 이식하고 뇌에 연결하면 필요한 순간 반응이 일어날 겁니다.

— 성욕을 불러일으키는 인공물이라고요? 끔찍한걸요.

그렇지요? 저도 그런 방향의 발전에 대해서는 매우 비판적인 사람입니다. 새로운 불평등을 야기할 수도 있기 때문이지요. 최상류층은 원하는 대로 새로운 기능을 몸에 추가할 수 있겠지만 나머지 사람들은 그럴 수 없을 테지요. 올더스 헉슬리가 《멋진 신세계》에서 그렸던 사회계층을 생각하지 않을 수 없습니다. 하지만 우리는 현실적이어야 합니다. 우리는 오래 전에 우리의 능력을 높여주는 물체를 피부에 덧붙이는 것을 이미 받아들였습니다. 시계, 안경, 신발 등이 그렇지요. 인공물도 많이 첨가했습니다. 더 빨리 이동하게 해주는 자동차, 힘들이지 않고 위로 올라가게 해주는 엘리베이터, 날아다니게 해주는 비행기, 먼 거리에서도 서로 말할 수 있게 해주는 휴대전화, 인터넷과 같은 것 말입니다.

— 그래도 우리 몸 밖에 있는 것들이지 않습니까. 차가운 물체가 우리 몸 안으로 들어오는 것을 과연 받아들일 수 있을까요? 박사님이 말

씀하셨던 '세포로 이루어진 사회'가 아닌 다른 것으로 점점 변해가는 것을 말입니다.

50년 뒤에 우리는 생물학biologie과 컴퓨터공학informatique이 결합한 바이오틱biotique 시대에 살게 될 것입니다. 쉽게 이식할 수 있는 칩이 일반화될 것이고 그로 인해 우리의 행동이 줄어들 수도 있습니다. 동물이 직접 컴퓨터나 로봇 팔과 커뮤니케이션할 수 있다는 것을 증명하는 연구가 이미 발표된 바 있습니다.[28] 텔레파시를 보내는 것이 아니라 뇌의 정확한 부위에 일련의 전극을 심어서 가능해지는 것이지요(현재 원하는 동작에 해당하는 동물 뉴런의 자

[28] J.K. Chapin, K.A. Moxon, R.S. Karkowitz and M.A.L. Nicolelis, "Real-time control of a robot arm using simultaneously recorded neurons in the motor cortex", *Nature Neuroscience*, 1999,2, pp.664-670.

극을 컴퓨터가 해독하고, 그 정보를 인터넷으로 원격 전송한 다음 1000킬로미터 떨어진 곳에서 기계의 움직임으로 변환하는것이 가능합니다). 귀에 전화도 심을 수 있습니다. 청각기관에 직접 전자 칩을 연결하면 가능합니다. 그런 장치를 부러워하게 될까요? 저는 주위 환경과 공격적이지 않은 방식으로 소통하는 것이 더 좋을 것 같습니다. 눈, 냄새, 목소리로 주변을 인식하는 것이지요. 화학적 혹은 물리적 인공물은 장애인과 노인에게 분명 도움이 될 것입니다. 그러나 그러한 기술을 응용하거나 오용하는 것에 대해서는 크게 경계해야 합니다. 그렇기 때문에 정보가 중요하고 대중 토론이 필요한 것입니다.

젊음과 장수에 대한 집착

박사님 말씀을 들으니 이것이 좋은 꿈인지 나쁜 꿈인지 모르겠습니다. 우리가 여기에서 논하고 있는 것은 결국 영원한 젊음의 불가능한 신화 아닙니까?

젊음의 샘, 오스카 와일드, 파우스트……. 영원한 젊음의 신화는 인류의 탄생만큼이나 오래됐습니다. 큰 차이가 있다면 그것은 '노인'이 노인의 특징을 점점 잃어간다는 것입니다. 노화라는 것이 육체적으로나 정신적으로 달라졌기 때문입니다. 오늘날 우리가 꿈꾸는 것은 영원히 젊어지는 것이 아니라 잘 늙고 건강하게 늙는 것입니다.

그리 간단한 문제는 아닙니다. 누구나 겉모습에 많이 집착하니까요. 그래서 어린아이의 모습을 칭송하는 것 아니겠습니까? 통통하게 살이 오른 볼을 아름답다고 보고요. 요즘 빠르게 성장하고 있는 성형수술의 목적도 다 그런 것입니다.

남자들도 성형수술을 마다하지 않으니 더 빠르게 성장하겠지요. 저는 사고를 당한 경우가 아니라면 성형수술에 지나치게 의존하는 것은 찬성하지 않습니다. 영화배우나 방송인이 보톡스를 맞는 것은 그럴 수 있다 칩시다. 어쨌든 보톡스는 효과가 일시적인 시술입니다. 하지만 다른 사람들의 경우에는……. 주름에도 아름다움이 있다는 것을 받아들여야 할 것입니다. 100세 노인들 중에는 정말 아름다운 얼굴을 가진 사람들이 있습니다. 바람이 깎아 만든 나무의 결처럼 말이지요. 개인적으로 저는 제 얼굴을 그대로 간직하고 싶습니다. 내면의 진정성이 얼굴에 드러났으면 합니다. 주름을 없애면 개성도 사라집니다. 저는 늙어갈 때 주름, 내 몸, 그리고 내 자신과 같이 늙어가야 한다고 생각합니다.

늙은 모습으로 살아간다는 것이 거의 선택의 문제가 되겠군요. 장수에 대한 집착, 아름다운 몸과 얼굴에 대한 집착이 커질 날이 멀지 않았다면 그 반대로 생각하는 사람들도 나타날지 모르겠습니다. "그렇게 오만한 인간은 싫다. 100세까지 살 생각은 없다"고 하는 사람들 말이지요.

"세상을 멈춰줘요! 난 이만 하차하겠소!" 우디 앨런이 그렇게 말했다지요. 이런 모든 발전에는 한계가 있을 겁니다. 125살 된 사람을 한번 상상해보십시오. 머리끝에서 발끝까지 재생한 장기와 전자 칩, 온갖 종류의 인공물을 삽입한 모습을 말입니다. 그 사람이 언젠가 이제 그만 됐다고 생각할 날이 오겠지요. 친구들도 모두 저세상으로 떠나고 살만큼 살았으니까요. 그러면 모든 것을 멈추고 기계를 꺼버리고 싶을 겁니다. 인공물, 전자 칩, 몸 전체를 말입니다. 결국 자기 자신의 모습으로 되돌아가고 싶을 겁니다. 이 책의 목적은 사람들에게 늙기를 강요하는 것이 결코 아닙니다. 늙기 싫다고 생각할 수도 있습니다. 빨리 죽고 싶어하는 사람도 있습니다. 그것은 선택의 문제입니다. 난폭하고 위험하게 운전하는 사람이나 담배를 끊지 못하는 사람, 술독에 빠져 지내는 사람은 천천히 진행되는 자살을 선택한 사람들이지요. 자신이 선택한 순간에 스스로 목숨을 끊고 싶어하는 사람도 있습니다. 고통 없는 경건한 죽음을 준비하는 것은 하나의 예술이고 많은 지혜가 필요한 일입니다. 그러나 생명 연장이 개인과 사회에 더

이익이 되고 하나의 자유가 된다면 그것을 새로운 인간의 권리로 볼
수 있을 것입니다. 물론 인간의 수명 연장이 시한폭탄이 될 때 사회
가 거기에 대비할 수 있다는 전제조건이 충족되어야 합니다.

건강과 장수는 나의 책임

– 그렇다면 개개인이 스스로의 생명을 책임져야 한다는 의미일 텐데
요. 쉽지 않은 일이지요.

* Ivan Illich (1926~2002) 오스트리아 출신의 철
학자이자 신학자. 미국에서 교사와 학자로 활
동하면서 남아메리카의 민주화를 위해 많은 노
력을 했다.《학교 없는 사회》《병원이 병을 만든
다》등의 저서가 있다.

이반 일리치*가 의사를 풍자한 적이 있
습니다. 고해성사가 끝나고 면죄부를 주
었던 옛날 사제처럼 처방을 내린다고 말

이지요. 오늘날 전 세계에서, 그리고 특히 미국에서 각 개인이 스스
로의 생명을 관리하겠다고 요구하는 현상이 두드러지고 있습니다.
건강 관리와 의료 행위에 새로운 방식이 등장하면서 여태껏 의사와
제약업에만 의존했던 사람들의 생각이 바뀔 겁니다. 더 나은 조언을
듣겠지만 도움은 덜 받게 되리라는 것은 확실합니다. 전반적으로 개
인이 자신에 대한 권리를 조금 더 많이 갖게 되는 것이라고 보면 됩
니다. 근위축성측색경화증(루게릭병), 에이즈, 다발성경화증과 같은 병
을 앓고 있는 환자들이 이미 인터넷에서 서로 증상과 조언을 공유하
며 용기를 북돋워주고 있습니다.

– 사실 사람들이 건강을 스스로 챙기고 싶어하는 것은 아닙니다. 전문
가에게 책임을 떠넘기듯 의사에게 의지하려는 사람들이 많으니까요.

책임을 벗어던지는 것이 더 편하니까 말이지요.

그렇습니다. 종교와 관련해서는 사제에게 달려가지 않습니까? "이 것이 착한 일인지 나쁜 일인지 말해주세요. 그대로 하면 저는 천국에 갈 수 있겠죠?" 마찬가지로 건강은 의사에게 맡깁니다. "어떤 약을 먹어야 하는지 말해주세요. 그러면 건강하게 살 수 있겠죠?" 정치인에게 공적 생활을 부탁하는 것도 마찬가지 이치입니다. "당신에게 모든 것을 위임하니 당신이 결정하시오." 그렇게 하는 것이 물론 편합니다. 자율성은 오히려 제약이 되지요. 하지만 저는 이제는 우리가 자율을 받아들일 준비가 되었다고 생각합니다. 그렇게 해서 얻는 이익도 적지 않으니까요. 스스로를 더 잘 챙긴다면 자신의 삶에 의미를 부여하고 기쁨도 찾을 수 있을 것입니다. 좋은 음식을 먹으면서 기쁨을 느끼고, 건강에 도움이 되는 행동을 하며 살면 즐거워지니까요. 문화, 의지, 이성은 물론이거니와 즐거움, 감성, 함께 나누는 삶도 얻을 수 있습니다. 두 가지를 잘 양립시켜야 하겠지요. 개인의 책임은 현대에 들어와 민주주의 사회로 변하면서 나타난 일반적인 현상이라고 생각합니다. 나 자신과 관련된 일을 결정할 때 그 과정에서 소외되지 않고, 또 정치, 문화, 자녀교육, 그리고 무엇보다 식생활과 건강과 관련된 자신의 삶을 직접 관리하려는 욕구의 표출입니다. 그러나 다시 한 번 강조하지만 모두에게 들어맞는 해결책은 없습니다. 이 책에서 우리가 원하는 것은 하나의 모델을 제안하는 것이 아니라 삶에 대한 태도를 보여주는 것입니다. '민주화된' 장수가 사회적·경제적·정치적·윤리적으로 얼마나 중요한 문제인지 강조하면서 말입니다. 기술이 만병통치약이 될 수 없다는 사실도 다시 한 번 짚고 넘어갑시다. 기술은 치료하고자 하는 증상보다 더 심각한 부작용을 낳을 수 있습니다.

이런 관심사가 선진국에게만 한정되어 있다는 점도 알아야 할 것입니다. 그 정도로 몸과 건강에 대한 신경 쓸 수 있는 사람은 선진국 국민밖에 없지요. 장수가 새로운 사치품이 되었으니까요.

그렇습니다. 지금까지 우리가 말한 모든 것은 선진국에만 해당되는 이야기입니다. 선진국이란 주민들이 먹고 몸을 돌보고 위생적으로 생활할 수 있는 능력이 있는 나라를 뜻합니다. 지구에 사는 70억 인구의 과반수가 오염된 물을 마시고 있습니다. 오염된 물은 높은 유아 사망률과 성인 조기사망률의 원인입니다. 그들이 먹는 음식도 양적으로나 질적으로 문제가 많습니다. 먹을 것도 부족하고 단백질도 충분히 섭취하지 못하고 있습니다. 또 늘 전염병에 고통받고 있지요. 빠른 노화 때문이 아니라 기아, 에이즈, 유아 질병, 내전으로 사망합니다. 교육과 정보, 다양한 인간 사회에서 노인이 갖는 역할의 재평가가 시급한 이유입니다.

나의 몸을 사랑하고
나 자신을 존중하기

우리 몸을 잘 관리하고, 가꾸고, 더 오래 건강하게 살기 위해 도움을 받더라도, 언젠가는 포기해야 할 순간이 옵니다. 처음에도 언급했던 불멸은 불가능한 이야기입니다. 어쩌면 바람직하지 않은 것일 수도 있고요.

인간은 사라질 수밖에 없는 일시적인 존재입니다. 프랑수아 자콥은 생명이 아예 존재하지 않는다고 말했지요. 생명이란 껍데기 같은 우리의 몸을 관통하는 흐름에 지나지 않는다고요. 앙드레 울프도 말했지요. "인생이란 죽음에 대항하여 싸우게 해주는 현상들의 합이다"라고 말입니다. 우디 앨런의 말도 다시 한 번 들어보면 "인생은 성적으로 전염 가능한 치명적 질병"입니다. 다시 말하면 모든 것이 먼지로 되돌아가는 불확실성과 무질서의 세계에서 인생은 일종의 집행유예 상태입니다. 생의 복잡성은 민주주의처럼 꽤 오랫동안 유지할 수 있는 상태이지만 그러려면 자기 자신에 대한 지속적인 노력이 필요합니다. 양 극단 사이에서 불안한 균형을 유지하는 것이니까요. 한쪽에서는 카오스, 무질서, 소용돌이가 혼란을 일으킵니다. 그리고 다른 한쪽에서는 크리스털과 같은 강인함, 안정성, 변하지 않는 관료주의가 버티고 있습니다. 그 둘 사이에 있는 복잡성은 소용돌이를 일으켜 무無로 돌아가게 할 수도 있고 또 그 반대로 조직화될 수도 있습니다. 그것이 바로 생입니다. 그것은 과도기적이며 나약한 상태입니다. 그래서 생명도 항상 구조조정이 필요합니다.

호모 사피엔스는 다른 생물종보다 영특하니까 자연의 법칙이나 삶과 죽음의 주기를 피하겠다는 야망을 가질 수 있지 않을까요?

인간은 사회를 구성하는 하나의 세포와 같습니다. 또 그 사회는 지구라는 거대한 유기체에 속합니다. 그렇다면 인간이 죽음을 벗어날 방법은 없어 보입니다. 제 생각에 그 답은 잡을 수 없는 영원이 아니라 순간의 강렬함에서 찾을 수 있을 것 같습니다. 하지만 그건 여기에서 다룰 주제는 아니겠지요. 저는 파스칼의 내기를 저의 삶에 그대로 적용하곤 합니다. 파스칼은 신이 존재하는 것처럼 삶을 살아간다고 했지요. 그것은 둘 중 하나입니다. 신이 존재하지 않는다면 그의 삶은 선으로 이끄는 가치들을 실천하는 데 쓰였으므로 무로 돌아간다 해도 잃는 것이 없다는 것입니다. 또 신이 존재한다면 그의 행동은 그를 천국으로 인도할 것입니다. 그가 내린 선택에 대한 보상을 받는 것이지요. 저는 130살까지 살 수 있다고 생각합니다(정말 그렇게 믿는 것은 아니지만 말입니다). 그래서 앞으로 60년을 어떻게 보낼지 재미있는 계획들을 세워놓았습니다. 매일 진정한 '보너스의 삶'을 살기 위한 첫 번째 단계이지요. 이것도 둘 중에 하나입니다. 제가 내일 당장 죽는다 하더라도 저는 가족에 대한, 그리고 사회에 대한 새로운 계획을 실현할 수 있다는 긍정적이고 고무적인 희망을 안고 살다가 죽는 것이 됩니다. 혹은 앞으로 20년, 30년, 아니 60년을 더 산다면 그 계획들을 조금씩 실현할 수 있겠죠. 내기에서 이기면 모든 것을 얻는 것이고 설사 진다고 해도 잃는 것은 아무것도 없습니다.

― 이쯤에서 우리가 우리 몸이나 우리 자신에게 지나치게 신경을 쓰는 것이 문제가 아닌지 하는 생각을 해봅니다. 너무 자기중심적인 것은 아닙니까?

그런 생각과 행동이 자기 자신을 사랑하는 마음에서 생기는 것은 사실입니다. 그러나 자기 자신을 사랑하는 것이 언제나 이기적인 것만은 아닙니다. 나의 몸을 사랑하고 건강을 유지하고 마음을 편안하게 먹고 나 자신을 존중하는 것은 그리 쉬운 일이 아닙니다. 그 일을 해 낸다면 존경받을 만합니다. 특히 그런 태도는 남에게도 도움이 됩니다. 가족과 직장에서 말이지요. 내 주위로 긍정적인 태도를 전파하면 그것이 부메랑이 되어 다시 나에게 돌아올 것입니다. 그런데 관점을 바꿔 가정의 불화나 경제적 문제, 재난이나 전쟁을 겪는 사람들 중에 얼마나 많은 사람들이 자신을 사랑한다고 말할 수 있을까요? 모든 위대한 종교가 똑같은 내용을 설파하는 것은 흥미롭습니다. 시간을 가져라. 멀리 내다보며 살아라. 다음 생을 생각하라. 자기 자신을 창조하라. 다른 사람을 사랑하라. 당신을 둘러싼 세상을 이해하라. 나보다 더 위대한 것을 생각하라. 겸손해라. 이러한 관점은 우리가 지금까지 논했던 것과 일치합니다. 노년의 삶을 잘 보내는 것은 그다지 어려운 일이 아닙니다. 그것은 인류애와 자애심이 발현된 행동이기도 합니다.

2부

정신

4장.
새로운 '나'의 탄생

노화가 가장 먼저 일어나는 곳은 우리의 머릿속이다. 그렇다면 생각을
바꿔 노화를 늦추는 것이 가능하지 않을까? 장수가 마음가짐의 문제이
기도 하다는 사실을 알아보자.

여전히 젊은
노인들

도미니크 시모네 : 지금까지 과학과 의학이 가져다 준 좋은 소식을 들었습니다. 제2의 인생이 가능하다는 것과 60세 너머에도 살기 좋은 땅이 숨어 있다는 것을 알게 되었지요. 선생님도 살펴보셨을 그곳은 아직까지는 신비로운 땅인가요?

장 루이 세르방 슈레베르 : 이 책에서 함께 대화를 나누는 세 사람은 새로운 땅을 개척하는 첫 세대에 속합니다. 우리는 모든 것을 새롭게 만들어내야 합니다. 우리의 행동, 철학, 도덕적 기준을 모조리 바꿔야 합니다. 그것은 진정한 모험이 되겠지요. 네덜란드 국민이 바다보다 낮은 땅을 메워 정복하는 것과 비슷합니다. 파도에 맞서 새로운 땅을 차지할 줄 알았으니까요. 우리에게는 그 땅이 몇십 년을 더 살수 있는 시간입니다.

― 우리 윗세대에도 그 땅을 밟은 사람들이 있지 않습니까?

고대 그리스의 유명한 인물들 중에 장수의 특혜를 누린 사람들이 있습니다. 피타고라스는 95세를 넘겼고, 소포클레스는 90세까지 살았지요. 히포크라테스는 90세, 어쩌면 100세까지 살았던 것 같습니다. 디오게네스는 91세, 플라톤은 81세까지 살았다고 합니다. 당시 평균수명이 40세를 넘지 않았다는 사실을 고려하면 대단한 일이지요. 아마도 크레타 섬의 유명한 식단 때문이 아닐까요. 이 기록은 중세에도, 그리고 그 이후에도 깨지지 않았습니다. 그런데 지금 큰 변화가 일어나고 있습니다. 몇십 년 만에 평균수명이 크게 증가했기 때문입니다. 과거에는 소수에게 한정되었던 현상이 이제는 점점 더 많은 사람들에게 해당되고 있습니다. 적어도 생활수준이 높은 사회에서는 말이지요. 군대로 치자면 몇몇 전령이 아니라 몇 개 대대 전체가 60세 이상의 삶이라는 대륙에 진입하는 것입니다. 100세 이상의 노인 인구가 수십 명이 아니라 수천 명에 이를 날이 머지않았습니다. 가난에서 벗어나(이미 중국 대부분 지역에 해당되는 얘기입니다) 제대로 된 보건 및 의료 시스템을 갖추게 되면 수명도 빠르게 연장될 것입니다. 그것은 경제성장과 떼려야 뗄 수 없습니다. 생활수준이 높아지면 수명도 연장되지요.

늙는다는 것은 기력이 떨어지고 탄력을 잃고 시들어가는 것입니다. 그러다보니 노년의 땅이 그리 흥미롭지는 않은데요. 노년을 행복한 시기로 보지 않는 것이지요. 늙었다고 하면 자동적으로 노쇠를 생각하게 되니까요.

모든 것은 그 말이 연상시키는 것에 달려 있습니다. 먼저 '사회적' 노년이 있습니다. 사회적 편견은 노인을 특정한 활동을 할 수 없는 사람, 또는 매력이 없는 사람으로 생각하게 만듭니다. 우리는 그 선입견을 바탕으로 노년이 어떠하리라고 미리 예상합니다. 나이 앞자리 수가 5에서 6, 7로 바뀌면서 말이지요. 사람들은 아무 생각 없이 지배적인 편견에 따라가는 경향이 있습니다. 그래서 노인이 되면 젊었을 때와는 달리 은퇴나 무기력한 상태로 변한다는 생각을 그냥 받아들입니다. 배가 아주 천천히 침몰하기 시작하고 그것이 몇십 년 동안 계속됩니다. 그렇지만 직접 경험한 노년은 바깥에서 보는 것과는 다릅니다. 그것은 우리가 현재 체험하고 있는 노년으로, 생각보다 그리 우울하지 않고 오히려 발견의 기쁨이 매우 큰 기간이지요. 사람들이 말했던 것과는 전혀 다릅니다.

— '노인'이라는 명찰을 달았지만 늙었다고 느껴지지 않아서 놀라는 건가요?

그렇습니다. 콜레트도 "늙어갈 때 문제가 되는 건 여전히 젊다는 것이다"라고 했지요. 제가 경험한 바로는 건강 문제가 아니라면 늙었다고 '느끼는 것'은 큰

문제가 아닙니다. 사람들은 고통스러운 상황에 닥쳤을 때나 질병에 걸렸을 때 이제는 늙은 것 같다고 말합니다. 그럴 때면 위기에 맞설 힘이 없다고 느낍니다. 우리의 힘이 줄어든 것이지요. 그러나 실제로 늙었다는 느낌이 드는 것은 훨씬 시간이 지난 다음의 일입니다. 어떤 개그맨이 "60세 넘은 노인이 아침에 일어날 때 몸 어딘가가 쑤시지 않으면 그건 죽었기 때문"이라고 말하기도 했지요. 하지만 그렇지 않습니다. 저는 "언젠가 내 젊음도 끝나겠지. 그때는 언제일까?"라는 생각을 많이 합니다. 앞으로 드릴 말씀은 제 경험에 비춘 것입니다. 따라서 주관적일 수밖에 없지요. 그리고 제가 남자이기 때문에 여자와는 다르게 인지하고 걱정하는 부분도 다르다는 점을 기억해주십시오. 제 나이는 67세이기 때문에 인생의 특별한 시점에 와있다고 할수 있습니다. 저는 제가 스스로 경험한 것 외에는 말씀드릴 수 없을 것 같습니다.

― 앞으로 얘기할 장수를 향한 여행 이야기는 우리에게 아주 소중합니다. 이 분야에서는 우리에게 경험담을 들려준 사람이 적으니까요.

여행 일기를 쓰는 것이 필요할 겁니다. 철학적으로 말하자면, 혐오스러운 존재라고 배워 왔던 '자아'가 사실은 그렇지 않다고 생각해야 합니다. 저는 오히려 자아가 진실에 닿을 수 있는 유일한 방법이라고 생각합니다. 자아는 겸손할 줄 알기 때문입니다. 나에 대해서 말하는 것은 사람들이 따라야 할 모델이 되려는 것이 아니라 우리가 직접적으로 경험할 수 있는 유일한 것을 증언하기 위해서입니다. 그 경험이 진짜라면 사람들에게 가르침을 줄 수 있습니다. 그 경험이 어려움뿐만 아니라 즐거움도 담고 있다면 말입니다. 우리는 인생을 살면서 항상 새로운 상황을 마주하게 됩니다. 그리고 스스로에게 묻지요. '다른 사람이라면 어떻게 할까? 내 부모는 어떻게 행동했나? 내 친구라면 어떻게 할까?' 특별한 순간을 맞이할 때, 그리고 새로운 상황 또는 어려운 상황에서 선택을 할 때, 우리를 도와줄 수 있는 경험담이 필요합니다.

― 장수도 수많은 질문을 던지게 하는군요.

그렇습니다. 제 나이쯤 되면 모든 것을 다시 평가하고 우리의 사고체계도 다시 점검해야 한다고 생각합니다. 지금까지 우리는 삶을 살아가는 데 필요한 공동의 가치에 충실하고 언론과 문학에서 많이 다루는 주제인 가족, 부모, 연인에 대한 책임을 다할 수 있었습니다. 행동의 지침을 찾을 수 있다고 생각한 것이지요. 하지만 관자놀이가 희끗

희끗해지는 때가 되면 갈피를 잡지 못합니다. 예를 들어 성생활은 50
세에 끝난다는 통계가 있습니다. 그 통계는 50세가 넘으면 로맹 가
리의 말마따나 "티켓이 더 이상 유효하지 않다"는 메시지를 은연중
에 전합니다. 이제는 각자 아무런 표지판도 없이 미지의 땅을 탐험
해야 합니다.

— 청소년 시기처럼 안개 속으로 들어가는 셈이군요.

또 다른 청소년기를 맞이하는 것과 비슷합니다. 청소년은 수많은 질
문을 던지지요. '나는 정상인가? 이런 생각, 저런 행동, 이런 욕구를
갖는 것이 자연스러운 일인가? 나는 다른 사람과 같은가? 다른 사람
처럼 받아들여질 것인가?' 60세 이후에도 이런 질문을 똑같이 던집
니다. 성숙한 어른이 되면 모든 것이 궤도에 오른 듯 보입니다. 하지
만 60세가 지나면 다시 모든 것이 불확실해집니다. 우리가 생각지도
못했던 삶의 이면에 다시 한 번 부딪히게 되는 것이지요. 차이가 있
다면 시간의 개념이 완전히 달라진다는 것입니다. 인생의 마침표가
다가오는 게 보이는 것이죠. 육체적으로 그런 징조를 느끼는 건 아니
라도 말입니다. 그때 우리는 선택을 하게 됩니다. 받아들이느냐 아니
면 도전하느냐, 포기냐 싸움이냐 하는 기로에 서게 되는 것입니다.

— 여행을 떠날 때 모든 사람이 똑같은 장비를 가지고 떠난 것은 아닙
니다. 똑같은 성공 수단을 가진 것도 아니고, 똑같이 준비를 한 것도
아닙니다. 몸도 저마다 다르고 정신도 마찬가지입니다.

노화 앞에서 인간은 평등하지 않습니다. 심신이 쇠약해지는 노년에
는 그런 불평등이 더 두드러지게 나타납니다. 우리의 짐 속에 든 유

전자가 우리의 운명을 어느 정도 좌우하는 게 사실입니다. 그것은 어쩔 수 없는 문제입니다. 노년을 최대한 건강하게 시작하고 싶다면 그 전에 지나치게 우리를 혹사하는 삶을 살지 않는 것이 좋습니다. 노인이 되면 몸에 탈이 나는 일도 더 많아집니다. 언제든 문제가 생길 수 있습니다. 70세에 다리가 골절되거나 간염에 걸리면 회복이 되더라도 몸이 많이 상하게 됩니다. 몸이 변하고 그런 몸을 제대로 제어하지 못해서 어떤 일은 포기해야만 합니다. 예를 들어 근육이 위축되면 다시 탄력을 회복하기 어렵습니다. 상처가 아무는 속도도 느려집니다. 늙는다는 것은 몸이 점점 약해지는 과정입니다. 그 변화를 막을 수 없기에 최대한 변화를 잘 견딜 수 있도록 하는 것이 중요합니다. 우리의 최우선 과제는 건강하게 늙는 것입니다.

노화는 운명이 아닌 선택

─ 앞에서도 말한 것처럼 나의 몸을 유지하고 '관리'하라는 것이군요. 여행을 위해 최선의 몸 상태를 갖도록 말이지요.

물론입니다. 그런 인식 자체가 가장 중요합니다. 그리고 무엇보다 구체적인 결과를 가져오지요. 좋은 조건에서 노년을 보내는 것은 무엇보다 의지와 자세의 문제입니다. 그러나 몸이 따라주지 않는다면 의지만으로는 부족합니다. 따라서 몸을 먼저 가꿔야 합니다. 항해를 좋아했던 위대한 탐험가 가스통 드페르는 "바다는 실수를 용납하지 않는다. 뭔가를 잊어버렸거나 중요한 물건을 빼놓고 왔다면 최악의 순간에 그 대가를 분명히 치르게 된다"라고 말했습니다. 과거의 소홀함이나 실수로 노년이라는 새로운 시기에 대가를 치를 수 있습니다. 제가 한 번은 피가로 신문사에서 주최하는 달리기 대회에 참가한 적이 있습니다. 5살 기준으로 연령별 그룹이 나뉘었죠. 그날 저는 비슷한 나이 또래인데도 몸에 얼마나 신경을 써왔는지, 또는 타고난 신체적 조건에 따라서 얼마나 사람들이 차이가 날 수 있는지 보고 깜짝 놀랐습니다. 참가자들은 모두 원칙적으로는 달리기를 할 수 있는 상태였는데도 말입니다.

— 새로운 연령대로 들어선다는 것은 말하자면 정산을 하려고 계산대로 들어서는 것과 같군요.

그동안 개인적으로 몸에 대해 펼쳤던 정책이 결실을 맺는 것이라고 할 수도 있지요. 저는 다행히 25살 때부터 노화에 대해 늘 생각했습니다. 제가 하는 행동이 장기적으로 나의 노후에 영향을 미칠 수 있다는 것과 노화를 가볍게 생각하면 안 된다는 인식이 있었지요.

— 누구나 그런 자세를 갖는 것은 아니지 않습니까? 한창 불타는 삶을 살 나이에 늙는다는 것에 대해 생각하는 게 흔한 일은 아닌데요. 어쨌든 노년에 많은 가치를 부여하지 않지요.

그래서는 안 됩니다. 앞에서도 강조했듯이 장기적으로 몸을 '관리'해야 합니다. 저는 25살부터 매일 운동을 하기 시작했습니다. 적어도 50살이 될 때까지 계속해야겠다고 다짐했죠. 순진하게도 50살이 넘으면 운동을 하지 않아도 된다고 생각하면서요. 그런데 막상 50살이 되고 보니 그때부터가 시작이라는 걸 깨달았습니다. 좋은 몸 상태로

이 시기를 맞이하는 것이 더 안전합니다. 만약 몸에 큰 재건 공사가 필요하면 감당을 하지 못하고 포기하고 말지요. 제 나이 또래 사람 중에서 뚱뚱한 몸, 물렁한 근육, 무리가 간 심장 때문에 포기한 사람들도 봤습니다. 좋은 몸 상태가 건강과 행복에 큰 차이를 만들어 줄 수 있거든요. 그나마 노쇠해지는 것을 막을 수 있는 방법이 있으니 다행이지요.

— 앞에서도 언급했던 방법이지요.

그렇습니다. 올바른 식생활(음식만 잘 먹어도 암 발병률을 20~30퍼센트 낮출 수 있다고 합니다. 그만 하면 대단하지요), 지속적인 두뇌 활동, 올바른 호흡(호흡 조절에 신경을 쓰는 사람이 많지 않습니다), 매일 규칙적인 운동(일요일마다 두 시간씩 걷는 것을 말하는 것이 아닙니다), 자신감 갖기 등이 그런 방법입니다. 누구나 할 수 있는 방법이지요. 100세 노인들의 네 가지 비밀은 장수 가족에서 태어나는 것, 삶에 대한 욕구를 갖는 것, 약간 이기적일 것, 그리고 운이 좋을 것이라고 합니다.

나를 책임지는 유일한 사람은
바로 나

— 결국 앞에서 말한 내용과 크게 다르지 않네요. 노화는 운명이 아니라 선택의 문제라고요.

물론이죠. 체념하고 노화를 받아들이는 사람들도 있습니다. 등을 구부리고 노화 과정을 가속화시키는 태도를 갖지요. 왜 그럴까요? 살면서 우리에게 일어나는 개인적인 혹은 직업적인 충격 때문에 삶에 실망했기 때문이라고 생각합니다. 실망감을 그대로 받아들이면서 노화의 길로 접어든 것이지요. 노화에는 별다른 노력이 필요하지 않거든요. 돛을 내려야 하거나, 역풍이 가로막지도 않습니다.

— 방향을 거스르는 것은 쉽지 않은 일입니다. 후렴구처럼 반복되는 생일도 있지 않습니까? '이제 몇 살이 되었으니 나도 늙었구나'하고 생각하게 되고요. 말씀하신 것처럼 우리는 결국 사회적 노년의 선입견이나 '어떤 나이에는 어떤 모습이어야 한다'는 생각에 순응하게 됩니다. 나이에서 앞자리 숫자가 바뀌면 슬퍼하는 사람들이 있습니다. 노쇠해간다는 것을 기념하는 것에 어떤 좋은 점이 있는지 모르겠습니다. 그 사람들은 사실 가장 중요한 것을 보지 못하게 하는 사회적 의식을 따를 뿐입니다. 저에게 나이란 일상의 겸허한 노력이 낳은 결과입니다. 사소한 일과 작은 신념에서 비롯된 것이지요. 저는 '오늘의 나는 어제보다 못한 존재'라고 생각하지 않습니다. 생물학적으로 봤을 때는 어쩔 수 없는 일이더라도 말입니다. 저는 오히려 즐거운 삶을 살기 위해 중요하다고 생각하는 것을 최대한 오래 간직하려고 노력합니다. 기준은 각자 정해야겠지요.

— 제가 잘 이해했나요? 늙었다는 착각에 빠지지 말고 각자 운신의 폭을 넓히라는 것이죠? 늙지 않겠다는 선택을 지금 당장 할 수 있다는 말이겠네요.

우리 시대에는 개인주의가 팽배해서 비판을 받기까지 합니다(하지만 그 대안은 과연 뭘까요?). 어느 분야에서든, 그리고 또 어느 시대에서든 개인주의는 적어도 선택을 하게 만듭니다. 우리를 규격에 맞추고 상황에 따라 갈팡질팡하거나, 아니면 거기에 저항해서 나의 길을 가는 것 둘 중에서 선택해야 합니다. 그것은 노화에 관해서는 더욱 뚜렷해집니다. 세상이 아니라 나 자신에게 도전해야 합니다. 세상을 상대로 하면 싸움에서 늘 지게 마련이거든요. 싸움이 나와 나 사이에서 벌어지는 순간이 언젠가는 오게 되어 있습니다. 나폴레옹은 프랑스 원정이 끝날 무렵 후퇴하면서도 훌륭한 전투를 벌였습니다. 유럽을 정복한 뒤 그는 조국 프랑스에서 싸웠습니다. 늙어도 마찬가지입니다. 내 안으로 후퇴해서 계속 싸울 수 있습니다. 새로운 전투지는 바로 나의 몸이자 나의 태도입니다. 내 안의 전선에서 벌어지는 전투는 진정한 철학적 의미가 있습니다. 삶의 경험을 깊이 있게 하는 것이지요.

— 하지만 무기를 잘 챙겨가야 하시 않을까요? 그것은 항상 내가 결정할 수 있는 일만은 아니지 않나요?

건강은 챙길 대로 챙겼는데 갑자기 뇌졸중으로 쓰러진 사람들을 보았습니다. 노력이 항상 보상을 받는 것은 아닙니다. 그렇다고 노력을 그만두어서는 안 되겠지요. 전투가 벌어지는 전장을 생각해 보자구요. 주위에 전우들이 나이가 들면서 쓰러집니다. 내 차례가 왔을 때 그 순간까지 잘 살았다는 만족감 정도는 가질 수 있어야지요. 우리의 몸처럼 믿을 수 없이 약하면서도, 또 감탄이 절로 나는 도구에 우리가 행사할 수 있는 영향력을 과소평가해서는 안 될 것입니다. 미국에서는 시민들이 담배 제조업체와 인스턴트식품 유통업체에 소송을 걸기도 합니다. 그들이 흡연이나 과식으로 인한 위험을 무릅쓰게 한 책임자라는 것이지요. 나의 삶을 책임지는 게 다른 사람의 일인 양 말입니다. 저는 이 문제에 관해서는 나 자신 외에 다른 누군가에게 불평을 할 수 있다고 생각해본 적이 한 번도 없습니다. 이것이 장수를 하고 싶다면 가장 먼저 취해야 할 태도입니다. 나를 책임지는 유일한 사람은 나라는 사실을 받아들이고, 더 나아가 그것을 요구해야 합니다.

행동하면 살아있다

— 노년 하면 포기를 떠올리는 사람이 많습니다. 하긴 고삐를 느슨하게 푸는 것도 괜찮겠지요. 야망을 줄이고 운명에 모든 것을 맡기면서 편하게 사는 것도 일종의 지혜 아닐까요?

흘러가는 대로 내버려두는 데에 마음이 가는 것은 당연합니다. 솔직히 말하면 우리가 말했던 포기와 저항 사이에서 저도 흔들릴 때가 많은 것 같습니다. 허황된 생각을 갖거나 반드시 죽을 수밖에 없는 나약한 존재인 저의 상태를 극복할 수 있다고 생각하고 싶지도 않습니다. 그러나 그 반대로 노력해야 하는 것도 맞는 일입니다. 이런 애매모호함은 인간의 본성에 내재해 있습니다. 어차피 질 수 밖에 없는 싸움이지만 그래도 우리는 전투를 치러야 합니다. 그것 자체에 의미가 있으니까요. 어차피 질 게 뻔하다 하더라도 매일을 즐길 수 있고 남아 있는 매순간을 아름답게 꾸밀 수 있습니다.

— 노화에 맞선 결연한 의지를 보여줘야 하는군요.

결심을 단단히 하고 노화에 접근해야 한다고 생각합니다. 거기에는 어쩔 수 없는 포기도 포함됩니다. 인생의 쇠퇴기에는 행동이야 말로 절망하지 않을 수 있는 최선의 방책입니다. 움직이면 살아 있다는 확신이 들거든요. 더 무엇을 바라겠습니까? 지난 시간을 돌이켜보면 진짜 만족감, 기쁨, 행복은 대단한 사건이나 성공이 아니라 오히려 행복한 일상이 가져다준 것임을 깨닫게 됩니다. 에밀 시오랑의 경구 중 제가 좋아하는 것이 있는데요. "위대한 운명에 대한 의무감을 버려야만 일상의 참맛을 알 수 있다"는 것입니다. 돌이켜 생각해보면 우리가 완성한 작은 일들이 비록 무의미할지라도 그것을 경험했다는 즐거움은 진짜였다는 것을 알 수 있습니다.

─ 미래를 위해 하는 일이 현재를 위해서도 득이 된다는 것이 중요한 원칙이군요.

맞습니다. 우리는 늘 얻습니다. 저는 매일 얻는 작은 이익이 참 좋습니다. 그것이 나이 들면서 발견하는 큰 진리이기도 합니다. 시간과 만족이 중요해지고 우리가 가진 자산은 눈에 띄게 줄어들지요. 그것을 비극으로 받아들일 수도 있지만 반대로 만족감이 커지는 것으로 생각할 수도 있습니다. 저는 두 번째 방법을 선택하겠습니다. 어쨌든 우리는 스스로 희망을 만들어냅니다. 내일도, 그리고 그 다음날에도 좋은 하루를 보내야겠다는 희망이지요. 좋은 날이 한 주가 가고 일년 내내 이어지지 말라는 법은 없으니까요. 그렇다면 우리가 열심히 노력할 만한 이유가 있는 게 아닐까요?

바깥 세상과
거리 두기

– 아름다운 철학입니다. 하지만 어떻게 보면 그것은 세상을 등지고 자기 세계에 갇히는 것이 아닐까요?

그런 것은 아닙니다. 중심을 다시 잡는 것이지요. 현대 사회는 우리 안에 있는 마음의 정원을 무시하고 주위 사람들이나 외부환경과 상호작용하는 것을 중요하게 여깁니다. 하지만 이제는 마음의 정원을 가꿔야 할 때입니다. 그렇게 해서 우리 안에 있는 가장 소중한 것을 되찾아야 합니다. 저는 어렸을 때 죽음에 대해 '아, 무서워. 언젠가 내가 죽어도 세상은 계속 돌아가겠지. 나는 그 세상을 보지도 못하고 즐기지도 못할 테고'라고 생각했습니다. 저 없이 이루어지는 발전, 미래의 발견, 멋진 일들을 떠올렸지요. 그것이 죽었을 때 가장 괴로운 점이었지요. 지금은 그런 문제에 관심이 덜합니다. 나이가 들면서 외부보다는 내면에 더 좌우되니까요. 살아가는 이유를 가슴에 다시 새기고, 살아가는 원천을 점점 더 자기 내부에서 찾게 됩니다. 세상과 거리두기를 이미 시작했으니까 세상을 떠날 때 좀 더 편안하겠지요.

– 세상을 등지는 것은 아니지만 어쨌든 야망은 버리고 좀 더 겸손해지라는 말씀이군요?

그렇죠. 겸손은 살아가는 데 매우 중요한 미덕입니다. 나이 들수록 겸손한 태도가 더 중요해지지요. 따라서 지금부터 겸손을 많이 쌓아야 합니다. 우리는 매일 정말 얼마나 가진 것이 없는지 생각합니다.

바깥 세상에서 어떻게든 성공해야겠다는 의지를 버려야 합니다. 우리 안에서 감사함을 찾아야지요. 단순하게 흘러가는 하루하루, 여전히 볼 수 있고, 느낄 수 있고, 숨 쉴 수 있고, 살아 있다는 의식에서 말입니다. 결국은 인생 자체가 우리에게 계속해서 놀라운 자극을 주는 선물인 것이죠. 마지막이 항상 죽음으로 끝난다고 해도 상관없습니다. 중요한 것은 우리가 우리 자신과 우리의 행복에 대해 어떤 인식을 갖느냐 입니다. 그것은 사랑할 때와 비슷한 상태인데요. 오스카 와일드는 "사랑하는 것은 상대방을 과대평가하는 것이다"라고 말했습니다. 장수하려면 자기 자신을 과대평가할 줄 알아야 하는 것 같습니다. 그래야 더 많은 즐거움을 느끼고 더 길게 살 수 있지 않을까요? 철학적으로 본다면 제가 환상을 쫓는 것이라고 할 수 있습니다. 하지만 일상생활에서 약간의 환상은 냉철한 판단만 따라준다면 그리 해가 될 것은 없다고 생각합니다. 환상을 완전히 믿지만 않으면 좀 더 즐거운 시간을 보낼 수 있을 테니까요.

— 나이가 들면 시간이 더 빨리 간다고 합니다. 우리에게는 불리한 이야기죠.

제가 직접 경험한 것과 다른 사람들에게 들은 이야기를 말씀드리자면, 나이가 들수록 시간이 빨리 가는 것이 맞습니다. 어렸을 때를 생각해보십시오. 방학이 끝날 것 같지 않을 만큼 길지 않았습니까? 부모님이 "자전거 내년에 사줄게"라고 하면 아예 사주지 않겠다는 말과 똑같이 들렸지요. 한 시간 기다리는 게 백 년은 되는 것처럼 괴로워 죽을 것만 같았고요. 40년이 지난 지금 그때를 생각하면 '어제처럼' 느껴집니다. 20년이라는 세월은 아주 빨리 지나갑니다. 감옥에서는 다르겠지만요. 어렸을 때에는 우리가 해야 할 일이 별로 없었습니다. 몇 개 안 되는 공을 가지고 놀았다고 할 수 있지요. 그래서 시간이 천천히 흐르는 것처럼 느껴지는 것입니다. 그러나 시간이 더 지나면 해야 할 일도 여럿 생기고 만나야 할 사람들도 많아지지요. 그러면 시간이 갑자기 화살처럼 빠르게 흐르는 것 같고 늘 시간이 '부족'하다고 느낍니다. 누구에게나 하루는 똑같이 24시간인데도 말입니다. 사실 시간에 대한 인식은 우리가 시간을 어떻게 쓰느냐에 따라 많이 달라집니다. 나이가 들수록 시간이 점점 없다고 느끼는 이유는 많은 일로 시간을 채우고 싶어하고, 마지막 순간이 다가온다고 느껴 조바심을 내기 때문입니다. 저는 운 좋게 십대 에 처음 미국에 가봤습니다. 배를 타고 뉴욕에 도착했었죠. 그때 부모님이 지에게 "새벽 6시에 일어나면 멀리서 자유의 여신상이 보일 거야"라고 하셨죠. 15살에 그것은 큰 감동이었습니다. 하지만 지금은 안개 속에서 죽음의 여신상을 봅니다. 어떤 여인이 "오, 당신에게 시간이 소중하다는 걸 저는 알고 있습니다"라고 말하자 나이 지긋한 사샤 기트리가 말했다고 하죠. "아닙니다. 시간이 얼마 남지 않아서 그런 거에요."

인생의 모든 단계에는
목적이 있다

– 노년에 들어서면 시간이 빨리 흘러가는 것이 사실이죠. 그러니까 그

시간을 풍요롭게 만들기 위해 최선을 다해야 합니다.

맞습니다. 나쁜 소식은 일정한 나이가 넘어가면 우리에게 시간이 많이 남아 있지 않다는 것입니다. 반면에 좋은 소식은 그 시간이 더 감미로울 수 있다는 것이지요. 그러니 매 시간을 가치 있게 만들고 그 시간의 밀도를 높이고 가치를 즐겨야 합니다. 카지노에서 마지막 칩을 잘 사용해야 하는 것처럼 말이죠. 시간에 대한 감각은 장수할수록 더 커집니다. 어찌 보면 시간은 육감입니다. 물론 저는 80대가 아닌 60대로서 말씀드리는 것입니다. 80대가 되면 또 다르겠지요. 시간을 하루나 한 시간 단위로 세게 될까요? 마지막 날이 가까워올수록 우리는 일상에 관심을 기울여야 합니다.

그런데 우리는 왜 장수에 집착하는 것일까요? 궁극적인 목적은 무엇일까요?

노년에 어떤 의미를 부여할 것인가는 중요한 문제입니다. 그 물음에 대한 답은 각자 그 의미를 만들어내야 한다는 것입니다. 인생에는 자아를 구축하는 나이가 있고, 공부하는 나이가 있고, 자식을 낳는 나이와 일할 나이가 있습니다. 우리는 그렇게 대부분 비슷한 단계를 거쳐 살아갑니다. 하지만 나이가 들면 전혀 경험하지 못한 단계에 접어들게 됩니다. 일종의 독립적인 삶을 되찾게 되는데요. 우리가 누릴 최후의 자유라고 할 수 있지요. 하지만 왜 그러는 것일까요? 결국 덤으로 사는 삶에 의미를 부여하는 것은 우리의 몫입니다. 최대한 오래 살겠다는 의지만 가지고는 오래 살고 싶은 마음을 정당화할 수 없습니다.

― 그렇다면 어떤 방법이 있을까요?

내면의 삶, 자긍심, 또는 타인에 대한 애정에서 비롯되는 무언가가 있어야 합니다. 노년은 철학적이고 영적인 물음을 던지는 시기입니다. 나 혼자만의 세계에 갇히지 않으면서도 나를 중심으로 살아가려면 어떻게 해야 할까? 내 안에서 새로운 능력이나 새로운 욕망을 발견할 수 있을까? 지금 내가 새롭게 발견할 수 있는 활동은 무엇일까? 다른 사람들을 위해 더 많은 시간을 할애해야 할 때가 아닐까? 십대때처럼 많은 가능성이 열리고 새로운 길이 생깁니다. 물론 모든 사람들이 돛단배로 세계 일주에 나서지는 않을 것입니다. 그러나 질병이나 정신적 고통 때문에 방 안에 틀어박혀 지내야 하는 신세가 아니라면 충분히 자유를 누릴 수 있기 때문에 스스로에게 부여할 작은 도전은 아주 많습니다. 1950년대에 80세가 된 삼촌 한 분이 계셨는데요. 운전을 계속 하는 걸 보고 가족들이 깜짝 놀랐지요. "왜 아직도 운전을 하세요? 그 나이에 누가 운전을 해요?" 그러자 삼촌은 대답 대신 버스 운전 면허 시험에 도전했습니다.

5장.
타인의 시선

내가 나이 든 것은 다른 사람들이 그렇게 결정했기 때문이다. 하지만 그렇지 않다고 그 사람들을 설득하는 것은 나의 몫이다. 오래 살면서도 겉모습과 달리 젊게 살기 위한 방법을 살펴보자.

― 노년을 잘 보내려면 외부에 의존하지 않는 것이 매우 중요합니다. 독립은 장수의 핵심이지 않습니까?

당연합니다. 우선 육체적으로 독립적이어야 합니다. 혼자서 먹고, 움직이고, 집안일을 할 수 있어야 합니다. 이런 기본적인 행동이 참 당연하게 느껴지지만 어느 날 갑자기 열 개나 되는 계단이 높아 보이면 상황은 달라집니다. 또 중요한 것이 경제적 독립입니다. 먹고 사는 데 그 누구의 도움도 필요하지 않다는 사실은 매우 중요합니다. 한 세대 전만 해도 60세가 넘은 저의 외할머니가 던졌던 질문은 두 딸 중 어느 딸의 집에서 살 것인가 하는 것이었습니다. 그때만 해도 노인들에게 다른 방법은 없었으니까요. 1950년대 영화를 보면, 가부장적인 노인이 농장의 테이블 끝에 앉아서 불평하는 모습이 등장합니다. 하지만 지금은 너무나도 많은 것이 바뀌었지요. 의학이 발전했고 퇴직연금도 어느 정도 나옵니다. 물론 직장 생활을 잘 했다는 가정이 필요하지만 말입니다. 또 여성보다는 남성에게 해당되는 말일 것입니다. 어쨌든 요즘은 "나는 적어도 아이들에게 손을 벌릴 정도는 아니다"라고 자랑스럽게 말하는 노인들이 늘어났습니다. 혼자 살면서 경제적으로나 육체적으로 독립적인 생활을 하려고 애쓰는 90세 할머니가 그 수는 적지만, 아주 특별한 경우도 아닙니다. 그런 사람들의 비율은 베이비부머 세대가 은퇴를 하게 되는 10년 뒤에는 더 늘어날 겁니다.

― 여성의 경제적 독립이 지난 몇십 년간 크게 신장되었지요. 특히 피임

법 덕분에 아이를 많이 낳지 않을 수 있게 되었고, 일하는 여성도 크게 늘어났습니다. 하지만 직장 생활을 오래 하지 않은 여성은 남편이 죽거나 이혼했을 때 타격을 입고 아주 힘겹게 살아가는데요.

아직도 불안하게 살아가는 노인들이 많습니다. 그래서 독립적인 생활은 몸의 상태를 최상으로 유지하는 것만큼이나 평생의 관심거리가 되어야 합니다. 유유자적하던 메뚜기처럼 말년에 가난하게 살지 않으려면 말이지요. 요즘 처음 직장을 갖는 젊은이들이 불안정한 직업을 갖는 것을 보면 걱정이 큽니다. 제대로 된 은퇴를 준비하는 데 5~6년의 세월을 까먹는 것이나 마찬가지거든요. 취업 위기가 장기적으로 큰 타격을 주게 될 겁니다. 정서적인 자립심은 예측 불가능합니다. 가정환경에 좌우되기 때문이죠. 노후를 혼자서 맞이하는가, 아니면 누군가와 함께 맞이하는가? 부부가 함께 산다면 그 관계는 즐거울까, 아니면 부담스러울까? 물론 거기에는 우리가 어찌할 수 없는 운이 어느 정도 개입합니다. 모든 사람이 자애롭고 성격 좋은 노인으로 늙는 것은 아닙니다. 또 한 사람의 건강이 나빠지면 다른 사람에게는 큰 짐이 되지요. 제가 아는 70세 된 할머니는 남편이 천천히 진행되는 퇴행성 질환을 앓고 있어서 노년을 남편 병간호로 다 보내고 있습니다.

― 정서적인 자립심이라고 하셨는데요. 정확히 어떤 것입니까?

노인에게 가족관계는 중요합니다. 그래서 가장 나이 어린 아이들, 자식이나 손자, 조카들에게 조금은 부담스런 기대를 할 때가 아주 많습니다. 관심을 가져달라고 점점 더 요구하게 되지요. 자식들은 이미 사방에서 자신을 필요로 하는 다른 세계에 살고 있다는 것을 모르고 말입니다. 최악은 사랑을 계산하기 시작한다는 겁니다. "내게 전화 안 한 지 벌써 일주일이나 되었구나. 넌 한 번도 나를 보러 오지 않는 구나." 사랑할 때는 계산하지 않습니다. 그런데 나이가 들면 계산기를 두드리는 사람들이 있지요.

온건한 이기주의는
노인의 권리

— 그렇다면 다른 사람을 어떻게 대해야 하나요?

상대방이 나에게 호감을 갖게 만드는 것이 최선의 방법입니다. 반드시 싱직인 매력이 아니어도 좋습니다. 사람들이 나를 만나고 싶은 마음을 갖도록 자신의 행동을 바꿀 수 있지요. 하지만 다른 사람과의 관계를 추구하되, 기대는 크게 하지 않는 게 좋습니다. 그것은 우리가 늘 염두에 두어야 할 현실적인 태도입니다. 실망감에 무너지지 않도록 우리를 더 챙겨야 합니다. 다른 사람들도 나와 크게 다르지 않습니다. 자기 자신에게 가장 많은 관심을 갖는 것은 누구나 똑같거든요. 나이가 들면서 가장 필요한 일은 나 자신을 잊지 않는 겁니다. 부부나 친구, 가족 관계에서 다른 사람들이 나에게 해줄 수 있는 가장 큰 선물은 그들이 내 곁에 있어주는 것과 그들의 활력입니다. 그런데 그들이 나에게 보다 많은 관심을 가져주고 나를 더 이해해주기를 원한다면 실망할 가능성이 커지지요.

― 그러니까 반대로 해야 되는군요. 다른 사람들에게 기대를 하기보다는 그들에게 관심을 가져야 하는군요.

그것 또한 사람들이 오해하는 것 중 하나입니다. 남에게 하는 배려는 내가 나 자신에게 주는 선물이나 마찬가지입니다. 하지만 그것보다 더 좋은 일은 나 자신을 상대방에게 주는 일이겠지요. 그것은 나의 시선, 웃음, 전화기 너머 상대방에게 들려주는 즐거운 목소리에 들어 있습니다. 내 목소리를 들어서, 나를 만나서, 나와 대화를 나눠서 상대방이 즐거울 수 있도록 하는 것이 내 자신이 해야 할 일입니다. 하지만 그것은 일종의 훈련이 필요합니다. 예를 들어 계산하기 위해 줄을 서거나 은행 창구에서 상담을 할 때 평소와 다른 모습을 보이는 사람이 있습니다. 아무것도 아닌 일로 신경질을 내고 불쾌한 사람으로 변하는 것이지요. 그러지 말고 부드러운 사람이 됩시다. 모르는 사람이라고 까다롭게 굴 이유는 없으니까요.

― 장수하려면 세상과 타인에 부드럽고 관용적인 시선을 보내야 한다는 말인가요?

현실적인 시선이라고 해야겠지요. 온 세상을 사랑하라는 말이 아닙니다. 예를 들면 채소가게 주인에게 조금 더 친절하게 말하라는 것이지요. 게다가 그렇게 된다면 자신에게도 좋은 일입니다. 그런 태도를 갖게 되면 기분도 좋아질 테니까요. 그리고 자신도 보상을 받을 기회가 늘어나는 것이고요. 그런 연금술을 적절하게 조절할 줄 아는 노인들은 유쾌한 사람으로 보이는 방법을 본능적으로 압니다. 그런 노인들은 손자 손녀와 아주 강한 유대감을 형성하고, 때로는 아이들의 부모보다 더 좋은 관계를 유지하기도 합니다. 부모보다 권위에 대한 문제가 덜 하니까요. 그러나 여기에서도 우리는 모순에 부딪힙니다. 다른 사람들에게 잘 해야 하지만, 반면에 그들로부터 독립적이어야 하니까요. 때로는 그들이 우리의 너그러움을 이용하고 그 다음에는 우리를 무시하기도 하니까요. 올바른 균형을 찾는 것이 어렵죠. 그래서 매일 신경을 써야 하는 문제입니다.

— 그러려면 현명함과 한계에 대한 인식이 있어야 겠네요. 그래야 지독한 자기중심주의에 빠져 다른 사람들로부터 멀어지는 일이 벌어지지 않겠지요.

장수의 지혜는 다른 사람이 나를 받아들이지 못하게 하는 일을 막고, 충분히 나를 돌볼 수 있는 한계가 어디인지 언제나 명확하게 인식하는 데 있습니다. 이 문제는 일상의 소소한 부분에서 제기됩니다. 노인은 다른 사람들을 불쾌하게 만들 수밖에 없게 되어 있습니다. 그 사람들의 미래를 보여주니까요. 부당한 일이지만 어쩔 수 없습니다. 불평은 그만두고 다른 사람들이 받아줄 수 있는 사람이 됩시다. 그리고 가까운 관계를 조금이라도 넓히려는 생각을 멈추지 말아야 합니다. 단체나 친구, 여러 활동 등 새로운 관계망을 형성하거나 유지하는 것이 이상적입니다. 물론 유일한 공통점이 나이밖에 없고 생전 처음 보는 사람들과 함께 한다는 것이 내키지 않을 수도 있습니다. 그들의 모습이 내가 늙어가는 모습을 계속 상기시키니까요.

— 노인들 중에는 아무런 거리낌 없이 자기중심적인 태도를 취하는 사람들도 있습니다.

'저축 않는 베이비부머'라는 새로운 모델이 등장하기도 했습니다. '즐기기'로 작정하고 나머지는 전혀 신경 쓰지 않는 60세 이상 노인을 일컫지요. 그들은 손자를 돌보는 베이비시터가 되기를 원하지 않고 여행을 다니며 자식들에게 유산 남겨줄 생각 없이 저축한 돈을 모두 써버립니다. 그것이 잘못된 행동일까요? 도움을 달라는 요청을 자주 받으면 조부모는 반발합니다. 우리 주변에서도 다 자란 자식들이 부모를 자원봉사자 취급하는 모습을 자주 보지 않습니까? 부모가 싫은 기색을 보이고 "됐거든!"하고 거절하는 것은 정당합니다. 건강한 장수는 새로운 권리를 필요로 합니다.

거울아 거울아, 내 모습을 보여줘

더 많은 관용과 개방적인 마음, 자기 자신에 대해 더 잘 아는 것. 그러려면 적응 능력이 커야 하는데, 70세가 되면 사람은 더 이상 변하지 않지요.

그것은 나쁘고 잘못된 생각입니다. 70세에 인간관계에서 오는 고통은 운명이 아닙니다. 하지만 문제를 바로 잡으려면 자신을 바꿔야 하지요. 일정한 나이가 되면 모든 사람이 나를 존경해야 하고 좋아해줘야 한다고 생각하는데, 그것은 헛된 생각입니다. 은퇴를 하고 물질적인 안정을 누릴 권리는 있지요. 그것도 적지 않은 것입니다. 하지만 나머지를 얻으려면 여전히 노력해야 합니다. 이기주의를 적당히 키

우고, 사람은 누구나 이기적이라는 사실을 기억합시다. 나 자신을 돌

보지 않으면 나를 대신해줄 사람은 아무도 없습니다.

— 그래도 다른 사람의 시선에 더 민감해지는 것 같습니다.

자기 자신의 시선에 더 민감해지는 것입니다. 거울이 말하는 것 말이

지요. 하루하루는 차이를 느끼지 못하지만 예전에 찍은 사진을 보면

나이가 든 것을 실감하게 됩니다. 그래서 두 태도 사이에서 왔다 갔

다 합니다. 다른 사람들의 시선을 아무 생각없이 그냥 받아들이거나,

아니면 더 좋은 모습을 보여주기 위해 최선을 다하는 것이지요. 가장

먼저 신경 써야하는 것이 외모입니다. 저는 노인처럼 말하고 노인처

럼 옷을 입고 노인처럼 걸음을 걷고 노인처럼 시선을 던지는 사람이

많다는 사실에 깜짝 놀랐습니다. 자기 자신을 포기한 모습입니다. 하

지만 그런 태도를 가지라고 다른 어느 누구도 강요하지 않았거든요.

— 그런 태도에도 저항해야 하는군요?

그렇다고 확신합니다. 장수는 삶의 기술이기도 합니다. 스타일을 찾

는 것이지요. 사람들은 항상 도덕적인 가치와 건강만 말하지, 외모에

대해서는 잊곤 합니다. 그런데 아름다움이 없는 삶은 매력을 잃습니

다. 이 또한 선택의 문제입니다. 살아 있는 사람의 모습(그렇다고 젊은

사람이라는 것은 아닙니다)을 하고 다닐 것인지, 은퇴한 노인의 모습을 하

고 다닐 것인지는 우리가 선택하는 것입니다. 그것이 언제나 가능한

것은 아니지만 적어도 노력해야 한다는 것은 잊지 맙시다.

— 권위적인, 생기없는, 칙칙한 같은 노인에 대한 선입견을 모조리 버려

야 한다는 말씀이군요.

133

원한다면 알록달록한 옷을 입을 수도 있습니다. 그 옷이 나한테 잘 맞기만 한다면 말이지요. 우아하게 보이는 것도 가능합니다. 가장 좋은 것은 아무래도 육체의 우아함이겠지요. 만약 몸이 망가졌다면 다시 우아한 모습을 찾기란 힘듭니다. 그래서 몸을 꾸준히 가꾸는 노력이 필요하고 음식도 주의해서 먹어야 한다는 점을 다시 한 번 강조합니다. 이 문제를 인식하고 있는 사람들이 점점 늘어나고 있습니다. 물론 한계는 있습니다. 내가 아무리 최고의 모습을 유지하고 있다고 생각해도 다른 사람들은 내가 더 이상 젊지 않다는 것을 잘 아니까요. 따라서 흉하게 보이지 않을 수 있는 경계가 어디인지 잘 알아야 합니다. 그때 나를 좋아하는 사람의 조언이 유용합니다. 내가 어처구니없게 보이지 않도록 도와줄 테니까요.

일찍 찾아오는
여자의 가을

— 앞에서도 나왔지만 성형수술에 지나치게 빠져들지도 말아야겠지요. 지나치게 젊음을 추구하는 경향이 30대부터, 심할 때는 청소년기부터 나타나고 있습니다. 모든 것은 우리가 상징에 얼마나 많은 의미를 부여하느냐에 달려 있습니다. 남자는 운동을 잘해야 하고 여자는 미모가 뛰어나야 한다는 상징이 있지 않습니까? 어떤 남자들은 말도 안 되게 운동 능력을 유지하려고 합니다. 또 딸과 비슷해지려고 어린 여자처럼 옷을 입는 여자들도 있지요. 일정한 나이가 넘어가면 몸 관

리를 잘 했다고 아무리 자부해도 젊은 사람과 경쟁할 수는 없습니다. 그건 다행한 일입니다. 우리는 젊은 사람들이 부러워하는 어떤 것을 갖고 있다는 걸 종종 잊어버립니다. 예를 들어 우리 나이에는 마음의 평정을 찾을 수 있지 않습니까? 이런 암초들을 피하려면 나의 능력을 펼칠 수 있는 다른 분야를 개척해두는 것이 좋습니다.

— 이 문제는 여자와 남자에게 공평하게 적용되지 않습니다. 일반적으로 남성보다 여성에게 더 엄격하게 적용됩니다.

맞습니다. 인생을 계절에 비유하면 남자는 가을에 매력이 가장 많이 생기고 여자는 봄에 그렇습니다. 여자에게 외모의 중요성이 더 크고 노화의 징조도 빨리 나타나지요. 55세가 지나면 머리를 짧게 자르고 염색도 하지 않으며 정장을 입는 여자들이 있습니다. 남성화되어가는 것이죠. 그런가 하면 여성성을 아주 오래 간직하는 여자들도 있습니다. 하지만 발자크도 여자 나이 30이면 내리막길에 접어든 것이라고 하지 않았습니까? 요즘 30세면 첫 아이를 낳을 나이이지요. 여자는 더 일찍 다른 원천을 찾아야 합니다. 그런 면에서 여자는 대인관계에서 활력의 신호에 남자보다 민감하다는 장점이 있습니다. 또 몸의 소리에 귀를 더 잘 기울이지요. 50세가 넘어 갱년기를 극복하고 나니 그 어느 때보다 편안하다고 하는 여자들이 많습니다.

— 하지만 여자는 남자보다 선생님이 말씀하신 모순을 더 느낄 것 같습니다. 스스로는 젊다고 느끼지만 사회에서 노인 취급하는 것이지요.

현대사회는 여성의 역할을 성적인 영역에만 한정짓지 않습니다. 실제로 베이비부머 세대의 여성은 사회적 역할이 많아졌고 또 인정도 받으면서 동시에 장수를 경험하고 있습니다. 제 누이 크리스티안 콜랑주가 그녀의 책에서 표현했듯이 '제2의 인생'을 과거와는 다른 마음가짐을 가지고 시작하는 것입니다. 삶에 더욱 가까워지고 앞으로 살 날이 아직도 많이 남았다는 인식을 하는 한 그들은 많은 무기를 가지고 노년을 맞이합니다.

— 외로움에 무너지지만 않는다면 말이지요. 여성은 남성보다 외로움을 더 많이 느끼지 않습니까?

노년이 되어 혼자가 된 여성은 계속 혼자 지낼 확률이 높습니다. 반면 남성은 다시 결혼을 하지요. 차이가 있다면 바로 그것일 것입니다. 여자는 더 오래 살기 때문에 더 일찍 혼자가 됩니다. 어쩌면 더 까다로워서 마음에 들지 않는 남자를 굳이 새 남편으로 받아들이고 싶지 않은 것일지도 모르고요. 외로움도 선택일 때가 가끔 있습니다. 혼자이지만 자유롭게 사는 것은 여성에게 하나의 해결책입니다. 반면 남성은 이혼이나 사별 뒤에도 다시 결혼하려고 하지요.

"노인을 공경하지 않잖아요!"

— 노년에 접어들면서 실질적으로 문제가 되는 것은 연애 시장에 더 이상 참여하지 않기로 체념하는 것입니다.

그렇습니다. 하지만 그렇다고 해서 커다란 테이블을 가운데 두고 노인들끼리 어울려야겠습니까? 레오 페레의 유행가 가사처럼 '혼자지만 한가한' 가부장 행세를 해야 할까요? 그 또한 선택입니다. 어떤 나이가 넘어가면 유혹의 게임을 계속하는 것이 흉측할까요? 그럴지도 모릅니다. 하지만 그 나이가 몇 살을 말하는 걸까요? 두고 보면 알겠지요. 남자로서 말씀 드리자면 '상품 가치'를 유지하기 위해 들이는 노력은 우리가 좋은 상태를 유지하려는 노력과 똑같다고 생각합니다. 그 노력이 결실을 보지 못한들 어떻습니까. 결국 유혹이란 나이 들지 않으려는 가장 간단한 저항의 방법 중 하나입니다. 유혹은 약점이 아닙니다. 그렇게 생각하면 우리에게는 약점이 참 많지요. 매력에 대한 유혹을 포기할 이유는 없습니다. 물론 꼴불견이 되는 건 피해야겠지요. 매력이란 친구, 지인, 대화 상대자, 혹은 그룹의 일원으로서 다른 사람을 끌어당기는 힘입니다. 단지 누군가의 애인이 되는 것만을 말하는 것이 아닙니다. 관계를 유지하고 다른 세대와 조화를 이루는 것이 목적입니다. 제 동료의 반 이상이 제 자식 나이 또래입니다. 머지않아 손자 나이 또래와 일을 하게 되겠지요. 그들을 '유혹'하는 저의 기술은, 팀을 이끌어가는 능력 있는 책임자의 역할은 다하지만 누구도 가까이하지 않는 현실감 떨어진 가부장의 역할을 피하는 것입니다. 그런 유혹의 기술이라면 최대한 오래 가지고 있는 것이 좋지요. 사람을 끄는 매력이 있고 자극적이거나 부담스럽지 않은 유혹의 기술을 유지하기 위해 최선을 다하는 것만으로는 부족합니다. 다른 사람들이 호응을 해줘야 하니까요. "노인을 존중하지 않잖아요!"라는 반론도 있지 않습니까?

과거에는 노인이 되면서 활력과 매력을 잃는 대신 존경을 얻었습니다. 지금은 그렇지 않지요. 공자의 나라인 중국에서도 청소년들이 어른 공경을 일종의 독재라면서 크게 반발한다고 하더군요. 서양에서는 자식들에게 더 이상 "너는 나에게 빚을 지지 않았느냐"고 말할 수 없고요. 젊은이들이 의무감을 많이 내려놓은 것이죠. 노인을 관용으로 참아준다면 그나마 다행인 형편입니다. 하지만 바로 이런 상황이기 때문에 젊은이의 존경을 받지 못하는 노인이 노력해야 하는 것입니다. 그것이 관계를 유지할 수 있는 유일한 방법입니다. 매력을 발휘할 수 있는 힘은 생존의 기술이라고 할 수 있지요. 물론 열 살 된 아이들을 상대로 하는지, 30대 어른을 상대로 하는지, 아니면 같은 나이 또래 노인을 상대하는지에 따라 기술이 달라져야합니다.

— 노인이 사람을 끌어들이는 매력은 만나는 사람에 따라 달라져야 한다는 말씀이시군요.

그것은 의미를 만들어 주기 때문에 긍정적인 제약이라고 보면 됩니다. 신문 읽기라는 간단한 행위를 예로 들어 봅시다. 노인이 되면 지구에서 벌어지는 일에 대한 관심이 줄어든다고 생각할 수 있습니다. '걱정해서 무엇 하나' 생각하지요. 은퇴를 했고 안정적인 생활을 누리고 있는데, 그냥 장미 가꾸기에 만족하며 살면 안 되는 걸까요? 그러지 말아야 할 이유가 있습니다. 젊은이들은 어쩔 수 없이 세상사에 관심을 갖습니다. 그러니 세상 돌아가는 일에 꾸준히 관심을 가지고 다양한 주제를 말할 수 있는 노인에게 젊은이들이 더 많이 찾아가겠지요. 다른 사람과 자연스럽게 관계를 유지하려면 그들과 최대한 많은 세계를 공유해야 합니다. 저는 다른 사람들과 지적이고 정서적인 관계를 잃느니 차라리 육체적인 능력을 잃어서 휠체어 신세가 되는 쪽을 택하겠습니다.

다른 사람을
웃게 만드는 능력

"몸은 늙었어도 마음만은 젊다"는 말이 있지요.

그 말은 젊음을 유지한다는 뜻이 아닙니다. 불가능한 말이니까요. 대신 살아 있음을 느끼라는 것입니다. 세월이 가면 사람의 매력은 매끄러운 피부나 단단한 근육이 아니라 활력에서 나옵니다. 연령과 상관없이 활력이 넘치는 사람이 있고 그렇지 않은 사람이 있습니다. 살아 있다는 것은 호기심을 갖고, 움직이고, 관심을 기울이고, 역동적으로 산다는 뜻입니다. 공감할 줄 알고 존재감을 갖는 것이며 다른 사람을 웃게 만드는 능력을 간직하는 것입니다. 이런 방향으로 가는 모든 것은 우리 자신과 다른 사람들에게 기쁨을 줍니다. 외모가 전보다 못해도 반짝거리는 눈은 유지할 수 있습니다. 방법이 있다면 노력을 계속하지 않을 이유가 없지요. 그래서 나이가 들었지만 활동적인 노인들이 각광을 받는 것입니다. 로버트 레드포드, 클린트 이스트우드, 필립 누아레를 보십시오. 잔느 모로, 소피아 로렌, 라켈 웰치 같은 여성은 아직도 매력을 간직하고 탄탄한 개성을 자랑하고 있습니다. 왜 그럴까요? 우스꽝스러워지지 않았기 때문입니다. 젊어지려고 노력하는 게 아니라 즐겁고, 존재감을 누리고, 매력적인 사람이 되려고 했기 때문이지요.

— 고집스런 노인, 심술궂은 노인과는 아주 다른 모델이군요. 하지만 세상을 등지고 평화롭게 명상에 잠기는 현자의 전형과도 다릅니다. 〈스타워즈〉에 등장하는 요다는 모든 지식을 소유하고 외딴 행성에 홀로 사는 노인으로, 은하계 각지에서 요다에게 조언을 구하러 옵니다. 그런 모델은 이제 한물간 것일까요?

그것은 동양문화와 우리의 민간설화에서 전해져 내려온 모델입니다. 가부좌를 하고 앉은 현자는 당당한 풍채와 건강한 몸을 가지고 있고 자신이 누구인지 말해주는 흰 턱수염을 기르고 평온한 기운을 뿜어 내겠지요. 그런 금욕적인 현자의 모습을 시도할 수도 있습니다. 필요한 것도 점점 줄어들고 적은 돈으로 살고 평화롭게 은둔해서 관조의 세계로 들어갈 수 있는 것이지요. 저는 그런 환상도 배제하지 않습니다. 언젠가 도움이 될 수 있다고 생각하거든요. 하지만 진정한 지혜에 도달하는 것은 불가능하다고 생각합니다. 스스로 지혜롭다고 말하는 사람은 그렇게 말하는 것 자체로 이미 지혜롭지 않다는 것을 증명하는 셈이지요. 현자는 우리 대부분은 닿을 수 없는 이상적인 모델 같습니다. 그렇다고 그 길로 들어서지 말라는 법은 없지만요.

— 작가인 자크 라카리에*가 어느 날 하는 말이, 아토스 산의 가파른 절벽에서 은둔하며 사는 한 수도승이 밧줄에 바구니를 매달아 음식을 받아먹었다는 것입니다. 그리고 매달

* Jacques Lacarrière (1925~2005) 프랑스의 작가. 고대 그리스의 사상과 신화에 큰 관심을 갖고 다양한 글을 썼다. 《영지주의》《고대 그리스의 지혜》등의 저서가 있다.

같은 방법으로 〈내셔널 지오그래픽〉 한 부를 받았다고 하더군요. 그 것이 세상과 관계를 유지하는 방법이었던 것이지요.

그러니까 세상과 완전히 단절할 수 없었던 것이군요. 평화와 수양을 외치는 티베트의 승려들도 비행기를 타고 전 세계를 돌아다니며 강연을 하지 않습니까? 그러니 이상적인 모델에 더이상 지나친 환상을 갖지 맙시다.

뻔한 이야기,
원리 원칙은 이제 그만

— "노인 한 명이 죽는 것은 도서관 한 채가 불타는 것과 같다"는 말이 있습니다. 젊음과 새로운 것만을 추구하는 사회에서 노인이 지식의 보고 역할을 할 수 있을까요?

노인 한 사람 한 사람은 젊은이에게 전수해줄 수 있는 과거에 대한 지식을 갖고 있다고들 하지요. 경험과 내면의 부를 충분히 쌓으면 그것을 전수해야겠다는 생각이 드는 나이가 옵니다. 그때까지 경험한 것이 젊은이들도 따라야 할 올바른 길이라고 믿고 싶은 생각을 떨치기 어렵지요. 하지만 그런 논리가 맞다면 역사는 언제나 똑같은 답을 반복했을 것이고 진보하지 못했을 겁니다. 언제나 적용될 수 있는 올바른 답을 갖고 있다는 환상은 버려야 합니다.

— 모든 것은 우리가 '진보'를 어떻게 정의하느냐에 따라 달라집니다. 과학, 기술, 사회의 진보와 별개로 지식과 가치의 초석이 존재한다는 주장은 전혀 엉뚱한 말이 아닙니다. 수세기 동안 축적된 공동의 지식을 가꾸는 것은 바람직한 일이기도 하고요.

진보에는 영향을 받지 않는 인간관계와 정서적인 관계를 생각해 봅시다. 우리는 모두 살아오면서 어려움도 겪었고 실수도 했으며 승리도 이루었습니다. 상처가 없는 사람은 없지요. 우리 아이들도 어른이 되면 인간관계에서 성공과 실패를 맛보기 시작합니다. 젊은이들이 우리와 비슷한 어려움을 겪고 있다는 생각은 들지만 막상 조언을 해주는 일은 쉽지 않습니다. 또 해줄 수 있는 것에도 한계가 있고요. 젊은이들은 대체로 부정적인 반응을 보입니다. "노인들이 뭘 안다고 하는 걸까? 내 입장도 아니면서. 내 문제는 나밖에 몰라"하고 생각하지요. 도와준다는 생각이 넘치면 오해를 받고 젊은이들과 쌓아온 소중한 관계를 해칠 수 있습니다.

그렇다고 아무런 행동도 하지 않고 벽을 쌓는 것도 바람직하지는 않지 않을까요? 나이가 들면 사람의 인성을 더 잘 파악하게 됩니다. 통찰력도 늘어나고 아무 말이나 순진하게 잘 믿지도 않고요.

가까운 사람들이 벽에 부딪히면 마음이 아프지요. 그러나 거기에는 약간의 통찰력이 필요합니다. 말하자면 꼰대처럼 행동하지 말아야 합니다. "내가 잘 알아. 너도 그 사실을 알 때가 되었어." 이런 태도는 먹히지 않습니다. 간섭은 반드시 거부감을 일으킵니다. 우리의 지식은 부족합니다. 그것을 은유나 일화, 사례, 질문, 특히 유머를 이용해서 잘 보여주는 일은 더 힘듭니다. 일정한 나이가 되면 나에게 조언을 구하러 오는 사람이 내가 무슨 말을 할 지 뻔히 알게 되지 않도록 노력할 필요가 있습니다. 다시 한 번 사람을 끌어당기는 힘을 간직하자고 강조하고 싶습니다. 멋진 사람으로 말이지요.

— 자신의 세계관은 관철시키지 못하더라도 적어도 가족의 역사를 전
수하는 것은 중요하지 않을까요?

현대사회에서 가족은 모든 연령을 초월해서 개인의 심리에 매우 중
요합니다. 20년 전만 해도 그렇지 않았지요. 우리들은 가족이 가장
큰 만족감을 준다고 생각합니다. 가족이 직업에 우선합니다. 과거에
국가, 교회, 정당, 이데올로기가 차지하던 자리를 오늘날에는 가족이
혼자 독점하고 있습니다. 혈연관계 외에 다른 것은 별로 중요하지 않
게 되었습니다. 사람들은 가족 관계를 과대평가 하고 나를 구해줄 구
명보트라고 생각하는 경향이 있습니다. 웃어른은 언제나 이야기꾼의
재주를 발전시킬 수 있습니다. 우리 가족은 인터넷 웹사이트를 만들
어서 가족 이야기를 공유합니다. 그 사이트에 각자 글을 쓰거나 자기
소식을 올릴 수 있지요. 게임이나 마찬가지입니다. 가족에게 일어났
던 사건을 가장 잘 아는 사람이 되는 나이가 어느 날 오겠죠. 그것은
우리에게 뜻밖의 힘을 줍니다. 아무도 내 말에 반박하지 않을 테니
아무 소리나 하고 싶은 그릇된 마음이 생기기도 하겠지만요.

황혼의 부부

— 노년을 배우자와 함께 맞이하는 행운을 누리는 사람들도 있습니다.
그러나 그 시기 부부 간의 관계는 매우 미묘해지는데요.

개인과 마찬가지로 부부 사이의 관계도 매일 관리하고 항상 살펴야
합니다. 최근 몇십 년 동안 부부 모델은 큰 변화를 맞았습니다. 많은

노인들이 서로 상대방의 과거를 모르는 사람, 그래서 함께 과거를 공유할 수 없는 사람과 살고 있습니다. 상대방이 지내온 삶과 나의 삶을 비교하는 것 자체가 괴로운 일이 될 수도 있습니다. 사랑은 일정 기간이 지나면 식는다고 합니다. 좋은 친구로 함께 사는 데 만족하고 때로는 침대도 따로 쓰는 것은 가능한 이야기입니다. 체념해야 할까요? 아니면 노년에 열정을 꽃피우는 '살아 있는' 커플이 될 수 있을까요? 다행히 그런 일도 가능합니다. 그러나 두 사람이 함께 살 때는 둘의 관계에 노년이 가져올 위험도 추가될 것입니다.

─ 장점도 추가되겠지요.

그렇습니다. 인생의 마지막 시기에 가장 견디기 힘든 것은 바로 외로움입니다. 그러니까 부부 간의 관계가 더 중요해지겠지요. 행복한 노년의 중심축으로 더욱 강화될 테니까요. 두 사람이 함께 아침식사를 하는 것은 나이가 들수록 누리기 어려운 일종의 특권입니다. 함께 있으면 마음이 편해지는 사람과 편안한 분위기에서 아침식사를 할 수 있다는 것은 축복이지요. 그것은 함께 하는 시간이 얼마가 되던, 부부 간의 관계란 매일 새롭게 탄생해야 한다는 것을 알아야 가능합니다. 상대방을 당연하게 여기는 순간 상대방도 마찬가지로 나를 그렇게 생각하고 나를 존중하는 마음이 줄어듭니다. 그렇게 되면 당연히 함께 사는 것 자체가 씁쓸해지겠지요. 이 문제만 봐도 노년이란 위험하기도 하고 또 그만큼 흥미로운 시기라는 것을 알 수 있지요.

─ 사실 아무것도 아닌 것 가지고 서로 다투는 노인 부부들을 종종 보게 됩니다. 틈만 나면 서로를 비난해서 함께 살기 힘들어 보이는 부

부들이지요. 나이가 들면 화를 쉽게 내기 때문에 사이가 멀어질 수 있습니다. 잘 지낼 때도 있었는데 왜 사이가 나빠지는 것일까요?

그 이유는 신체적 변화를 잘 받아들이지 못하기 때문입니다. 성性과 관련된 문제는 다른 연령대와 마찬가지로 노인들에게도 하나의 관계를 형성하는 것입니다. 노인이 되어 약해지는 부분이 있다면 바로 성 문제겠지요. 요즘은 젊은 부부들도 성적 욕망이 3년을 가지 않는다고 합니다. 9년이면 끝이라고 하는 사람들도 있고요. 그렇다면 20년, 30년, 40년 뒤에는 어떻게 될까요? 어떻게 될지 전혀 모른다는 게 솔직한 답이겠지요. 그래도 한 가지는 분명합니다. 성적인 욕망은 우리가 생각하는 것보다 훨씬 오래 지속됩니다. 저보다 더 나이 많은 분들의 얘기를 들어보면 반대라고 말하는 사람도 있기는 합니다. "끝났어. 하지만 그래도 잘 지낸다오." 그런가 하면 "포기하는 건 말도 안 되지. 그건 아주 중요한 문제야"라고 하는 사람도 있습니다. 성에 관한 문제에 대해 지금 노년에 접어드는 사람들은 아직 개척자와 같습니다. 젊은 사람들이 보기에 노인의 성은 부적절하고 혐오스럽기까지 할지도 모릅니다. 타비아니 형제가 감독한 〈로렌조의 밤〉에는 한 노인 커플이 등장합니다. 두 사람은 가축을 키우며 이동하다가 어느 날 한 방에서 다시 만나 사랑을 나눕니다. 영화계의 거장인 이들 감독은 이 장면을 아름답고 거부감 없게 만들기 위해 굉장히 신경을 썼다고 합니다. 행복한 성이라도 노인의 성은 아직 거부감을 주는 것이 사실입니다.

— 그러니 더욱 많이 거론되어야겠군요.

적어도 이 문제는 소심함이나 수치심을 가지고 접근하면 안 됩니다. 사실 성에 관해서는 모든 것이 가능합니다. 나이 든 시몬 드 보부아르는 산길을 걸어가는 데 갑자기 소름끼치는 생각이 들었다고 했습니다. "이제 더 이상 내 인생에 남자는 없겠구나!" 누구나 언젠가는 이와 비슷한 생각을 할 것입니다. 하지만 그 순간이 무척 빠른 것 같지 않습니까? 살아있다는 증거로 성적 욕망보다 강렬한 것은 없습니다. 그러니 그 욕망을 펼칩시다. 부부가 활발한 성생활을 유지한다는 것은 결국 언젠가는 노인과 사랑을 나눈다는 뜻이 됩니다. 그때가 되면 옛날에는 왜 그런 생각을 혐오스러워 했을까 하는 생각이 들겠지요. 그렇다고 노인을 위한 카마수트라를 논하는 것은 결코 아닙니다. 다만 성적 욕망을 유지할 수 있는 방법은 존재한다는 겁니다. 예를 들어 나이가 들어 시력이 나빠져 생기는 장점도 있습니다. 상대방의 주름 따위는 보이지 않겠지요. 감각이 살아 있도록 이렇게 시간과 협상을 하는 겁니다. 생활이 흐트러지면 성적인 욕망도 사그라집니다. 우리가 입는 옷이나 태도에서 아름답게 보이지 않으면 우리에 대해 갖는 욕구도 떨어지겠지요. 물론 이 말은 젊은 사람들에게도 똑같지만요. 말하자면 거부감을 주는 것에 더 주의해야 합니다. 상대방이 최고의 모습일 때 쳐다봐줍시다. 그리고 꺼진 줄만 알았던 불꽃을 다시 불태운다는 생각을 가집시다. 어느 건전지 광고에 나오는 토끼처럼 우리는 생각보다 훨씬 오래 북을 칠 수 있습니다. 유명한 성의학

전문가인 제 친구는 미국인들이 말하는 "쓰지 않으면 잃어버린다"는 말이 정확하다고 하더군요.

— 쓰지 않으면 잃어버린다……. 다른 말로 하자면 성적 능력을 이용하지 않으면 상실한다는 뜻이군요.

그렇습니다. 6개월 동안 성관계를 갖지 않는 남성은 발기하는 데 더 오래 걸린다고 합니다. 금방 발동이 걸리지 않는 모양입니다. 성생활을 포기하는 것이나, 예를 들어 전립선 때문에 성적 능력을 잃게 되는 것이 남성에게는 나이가 들었다는 신호로 받아들여집니다. 돌이킬 수 없는 일이 일어난 것이니까요. 하지만 건강상의 문제가 아니라면, 우리 대부분이 생각하는 것과는 달리 성적 능력은 훨씬 오래 갑니다. 18세기에 팔라틴 공주에게 욕망은 언제 사라지느냐고 물었더니 공주는 "내가 그걸 어떻게 알지? 내 나이는 이제 고작 여든인걸!" 하고 대답했습니다. 어쩌면 욕망은 사라지지 않을지도 모릅니다. 그리고 앞으로 발견해야 할 감각과 육감적인 접촉도 많습니다. 가까이 느끼는 것, 함께 잠드는 것, 서로 꼭 껴안고 있는 것만 하더라도 말입니다. 부드러운 관능을 계속해서 키워나가는 것이 시작일 수도 있습니다.

— 새로운 관능을 찾는 것도 좋겠지요.

성생활에서는 몸을 맡길 수 있도록 노력해야 합니다. 강하고 쾌락적이며 동물적인 상태로 돌아가고 싶은 욕구지요. 우리가 뇌를 가진 인간이라는 사실을 그때만큼은 잊어야 합니다. 프로이트는 리비도가 즐거움과 살아 있다는 느낌을 주는 모든 것이라고 정의했습니다. 그런 것은 매우 많습니다. 누구나 누릴 수 있는 빛을 예로 들어봅시다. 태양이 떠올라 따뜻한 온기를 느끼면 우리는 작은 새와 마찬가지로 행복감에 도취됩니다. 그것은 가장 단순하면서도 끝까지 누릴 수 있는 쾌락입니다.

— 자연과 하나가 되고 호모 사피엔스로 돌아가는 것이 노인의 관능성일까요?

그렇습니다. 노화의 제약 중 하나는 적은 것에 만족하고 단순한 것에 만족한다는 것입니다. 나를 찾아주는 사람과 기회가 시간이 갈수록 줄어들면 만남도, 활동도, 육체적 능력도 줄어들게 됩니다. 하지만 노년이 되어도 예전과 똑같은 일상적 쾌락을 유지해야 합니다. 말하자면 거식에서 소화로 넘어가야 합니다. 따라서 우리에게 주어진 것에 집중해야 합니다. 그 첫 번째가 자연입니다. 얼굴에 부딪히는 신선한 바람, 아름다운 초록, 주변의 소리 등 감각적 경험을 많이 해야 합니다. 언젠가 나이가 훨씬 많이 들었을 때 벤치에 앉아서 햇살을 즐기며 수프를 음미할 수 있다면 삶은 그래도 살 가치가 있다는 생각이 들 것 같아요.

6장.
이제야 뭔가 보인다

늙는다는 것은 저항하기 시작하는 것이다. 뻔히 질 줄 알면서 운명에 도
전하는 것은 예술이다. 그리고 철학이다.

장수는 타인, 그리고 세상과 새로운 관계를 맺게 만듭니다. 그러나 가장 까다로운 상대는 아마도 자기 자신일 겁니다. 그것은 내 삶의 새로운 의미를 찾는 것이라고 하셨는데요.

장수는 나를 돌아보게 합니다. 그리고 나에게 삶을 살아가는 방식에 대해 전적으로 책임질 것을 요구합니다. 시간은 냉정하게 흘러가고 매시간은 우리에게 질문을 던집니다. "어떤 삶을 선택할 것인가? 어떤 정신 상태로? 어떤 몸 상태로?" 그 책임 앞에 나는 혼자이며 그 누구도 나를 대신해 이 문제를 해결해주지 못한다는 느낌을 강하게 받게 됩니다. 장수라는 경험은 나의 인간관계, 나의 이미지, 올바른 행동과 행복의 추구를 다시 한 번 돌아보게 합니다.

늙는다는 게 빈둥거릴 수 있는 게 아니군요.

할 만한 가치가 있는 일 아닐까요? 과거에는 나이 앞에 사람들이 체념하곤 했습니다. 60세가 되면 운명론자가 되어 벌어지는 사건은 어쩔 수 없다고 믿었지요. 하루하루를 더 사는 것이 그저 행운이라고 생각하면서 수동적으로 만족했을 뿐입니다. 오늘날 가장 큰 차이는 살 수 있는 시간을 우리가 늘릴 수 있다는 것과, 제가 생각하기에는 더 중요한 점입니다만, 그 시간을 더 많은 만족감과 건강한 몸으로 보낼 수 있다는 것을 우리가 알고 있다는 것이지요. 그렇게 장수할 수 있다는 생각은 새로운 조화, 쾌락과 절제 사이의 균형을 찾게 만듭니다. 현실주의가 우선하겠지요. 나 자신과 내가 가지고 있는 수단, 가장 중요하고 소중한 기능을 유지하기 위해 매일 지켜야 하는 행동에 초점을 맞추게 됩니다. 나이 앞에는 위대함도, 대단한 계획도, 카리스마 넘치는 리더도 존재하지 않습니다. 삶의 큰 질문들을 마주한 나 자신밖에는 남지 않지요. 어떤 의미에서 노화는 죽음이라는 절대적인 평등 앞에서 사람들이 서로 비슷하게 행동하도록 만들어 그 차이를 줄입니다. 단순함과 겸손함을 받아들이게 만들지요. 그것이 실망스러울 수도 있습니다. 그러나 저에게는 그것이 좋은 소식입니다.

— 선생님이 말씀하시는 절제와 자기 자신으로의 회귀를 받아들이려는 마음이 있어야 하지 않나요?

해야 할 것을 아는 것과 그것을 실제로 행하는 것은 크게 다릅니다. 많은 사람들이 정신적인 피로를 느끼는데요, 철학자 미셸 옹프레가 말한 것처럼 "늙는 것은 덜어내는 것"이기 때문입니다. 능력도 떨어지고 시간도 줄어듭니다. 전체적인 능력이 줄어들고 수면 시간도 줄어듭니다. 그 덜함을 권태와 우울이 깃들지 않도록 조심하면서 채워 나가야 합니다. 대안적인 활동을 찾고 새로운 능력을 사용해야 합니다. 새로운 호기심을 찾는 것은 짐이 아닙니다. 오히려 그 반대지요. 그때까지 부차적이고 중요하지 않다고 생각한 것에 관심을 가져야 합니다.

– 예를 들면 공부를 다시 시작하는 것 말입니까?

어쨌든 뇌를 계속 활동 상태로 유지해야 합니다. "그 나이에는 새로 지을 수는 없어도 심기는 해야 한다"고 라퐁텐*이 말했지요. 어떤 한계를 지나가도 배우는 것이 의미가 있을까하고 많이들 생각합니다. 우리는 그러면서 더 이상은 아무 것도 생산하지 않고 사회에 기여하는 바도 없다고 말 하지요.

* Jean de La Fontaine (1621~1695) 프랑스의 시인으로 그가 쓴 《우화》는 지금까지도 널리 읽힌다.

그렇게 '재고'를 갖고 사는데 만족한다고 말하면서요. 이 재고라는 개념은 재정적인 측면이나 문화적인 측면에서는 맞는다고 할 수 있지만 정서나 에너지, 지성의 측면에서는 그렇지 않습니다. 우리는 추억 외에는 비축해두고 있는 것이 거의 없다는 것을 깨닫고 항상 놀랍니다. 신경을 쓰지 않으면 몸이라는 자산은 금세 약해지고 활력도 위기에 놓입니다. 인간 관계는 끊임없는 관리를 요구합니다. 실질적으로 우리의 재고는 거의 남아 있지 않습니다. 따라서 그 어느 때보다 재투자가 필요합니다. 노년을 페달을 밟지 않아도 되는 내리막길로 생각해서는 안 됩니다. 우리는 오히려 오르막길에 접어든 것입니다. 활동을 계속하려면 지속적인 노력이 따라야 합니다.

– 그렇군요. 그런데 활동이란 구체적으로 어떤 걸까요?

'수학이나 첼로를 배워볼까?'하는 생각이 들 수 있지요. 그것도 좋습니다. 하지만 그 왜 다른 시간에는 뭘 하면서 보낼까요? 세상이 점점 더 복잡해지기 때문에 우리는 늘 배울 수밖에 없습니다. 최신 커뮤니케이션 수단을 사용하기 위해서, 또는 타인과 계속 관계를 유지하기 위해서 말이지요. 최신 휴대폰 사용법을 배운 날 저는 아이처럼 제 자신이 자랑스러웠습니다. 배움은 지식을 얻는 것을 의미하는 것만은 아닙니다. 뇌를 움직이고, 내가 살아 있음을 스스로에게 증명하고, 또 즐거움을 느끼는 것입니다. 인생의 말미에서 내가 가진 능력을 모두 활용하지 못했다는 깨달음이 가장 큰 쓸쓸함을 준다고 합니다. 장 페르니오의 책 제목처럼 "다시 시작해야지!"하고 스스로 다짐할 수 있으면 가장 이상적입니다. 당장 죽어도 여한이 없도록, 대신 지금 이 순간이 영원히 계속될 것처럼 행동하도록 노력해야 합니다.

― 노년은 그동안 하지 못했던 일을 하는 시기라는 생각을 합니다. 읽지 못했던 책을 읽고, 가보지 못했던 나라를 여행하고, 배우지 못했던 것을 배워보는 것이지요.

솔직히 말씀드리면 저는 아직 《영주의 애인*》를 읽지 못했습니다. 그런데 꼭 읽어야 할까요?

― 물론이지요. 알베르 코엔이 이 감동적인 젊음의 소설을 썼을 때가 73세였습니다. 아름다운 사랑 이야기지요. 게다가 저희가 지금 하고 있는 이야기를 가장 잘 보여주는 책이기도 하고요.

시간이 되면 읽어보도록 하지요. 지금은 현재의 삶에 직접적으로 도움이 되고 타인과 교류하는 데 도움이 되는 것에 신경을 쓰고 싶습니다. 그러다 보니 옆으로 밀어놓은 책들이 산더미처럼 쌓여 있습니다. 겨울에 먹을 도토리를 저장하는 다람쥐

* 알베르 코엔이 1968년 발표한 연애소설. 1930년대 스위스 제네바를 배경으로 국제연맹의 사무총장 보자관인 솔랄이 허영끼 많은 귀족 부인 아드리안을 유혹해 사랑의 도피를 하지만, 얼마 안가 열정이 식으며 사랑이 깨지게 되는 과정을 그렸다. 프랑스에서는 높은 문학성을 인정받았고, 현재까지도 대중적으로 많은 사랑을 받고 있다.

같지요. 그 책들을 바라보면 책을 읽고 싶다는 마음과 포기한 마음이 동시에 듭니다. 책을 하나씩 펼쳐보는 순간이 왔으면 하는 바람과 다 읽지는 못하리라는 실망이 공존하는 것이지요. 제가 읽지 않게 될 책은 어떤 것들일까요? 하지만 사실 그것은 전혀 중요하지 않습니다. 《영주의 애인》을 읽지 못하고 죽을 수도 있지만, 뭐 어떻습니까?

망각의 미덕

— 기억력을 키우려는 것도 나이가 들면서 생기는 집착 아닙니까?

시력처럼 기억력도 줄어듭니다. 그런데 알츠하이머병에 걸린 것이 아니라면 사람들이 말하는 것처럼 기억력이 그렇게 크게 줄어드는 것은 아닌 듯합니다. 저 같은 경우도 최근 몇 년 동안은 예전보다 오히려 기억력이 좋아진 느낌이거든요. 중요한 것은 주변 사람들이 눈치채지 못하도록 하는 것입니다. 그리고 기억은 우리를 주로 과거로 이끕니다. 그러니까 현재를 사는 기쁨에 반드시 필요한 것은 아닙니다. 어떤 사람들은 과거를 전혀 떠올리지 않습니다. 매우 중요했던 순간마저도요. 이런 건망증은 심각한 장애일까요, 아니면 축복일까요? 머릿속이 복잡한 것보다는 나을 수 있습니다. 오래 살았다면 그만큼 많은 이미지, 말, 사건, 만남을 쌓아온 셈입니다. 하지만 그것을 모두 기억하는 것은 아니지요. 저는 삶에 대한 호기심을 포기하지 않았기 때문에 뇌의 하드디스크가 과거의 기억으로 꽉 차는 것을 바라지 않습니다.

— 선생님은 기억력을 위해 무엇을 하십니까?

제 기억력은 저장 능력이 그렇게 크지 않기 때문에 늘 '인공물'을 사용했지요. 메모 말입니다. 저는 17살부터 매일 일기를 씁니다. 기억을 보존하겠다는 특정한 목적이 있는 것이 아니라 위생 차원에서 하는 것입니다. 무슨 말인고 하니, 하루 일과를 청소해서 내보내는 것입니다. 일기에 쓴 내용만큼은 '다시 기억해낼 수 있을까'하고 걱정하지 않아도 되니까요. 아무런 흔적도 남기지 않고 하루하루가 지나가 버리는 것은 낭비라고 생각합니다. 하루는 시간의 단위이기도 하지만 무엇보다 나만의 삶의 단위입니다. 존재 의미가 있기 때문에 충분히 고민해야 하지요. 30년 전에 썼던 일기를 꺼내 읽어보면 상황이 쉽게 생각나는 내용도 있고 아무런 기억도 나지 않는 것도 있습니다. 감정과 관련이 되면 기억이 더 쉽게 난다는 사실은 잘 알려져 있지요. 나머지는 잊히는 경향이 있습니다. 앙드레 말로의 표현처럼 저의 '보잘 것 없는 작은 비밀'을 종이 위에 기록한 것이 심리적으로 많은 도움이 된 것 같습니다.

— 모든 기억이 다 좋은 것은 아닙니다. 그것이 망각의 미덕이지요. 특히 인생을 살아가면서 많은 시련을 겪었다면 말입니다.

저도 그렇게 생각합니다. 사람들에게 삶에 대해 만족하느냐고 물으면 많은 사람들이 실제 경험과 상관없이 그렇다고 대답합니다. 상당히 힘들게 살아왔어도 불행보다는 그 불행을 극복했다는 사실을 더 잘 기억하기 때문입니다. 우리는 현재에 적응하기 위해 과거를 아름답게 꾸미는 경향이 있습니다. 치료의 목적도 그런 것 아니겠습니까? 고통스런 기억을 떨쳐버리기 위한 것이지요.

현재는 내가 가진
모든 것

— 이렇게 대화를 나누다보니 결국 철학적 문제로 귀결되는군요. 이제
껏 나눈 이야기를 종합해보면 '장수의 윤리학'이라고까지 말할 수 있
을 것 같습니다.

철학에서 말하는 윤리는 자신을 관리하는 방법입니다. 세상에 대한
태도와 관계를 선택하는 것이지요. 중국사상 전문가인 프랑수아 쥘
리앵은 행복을 도달해야 할 목적으로 보는 것은 고대 그리스에서 전
해진 서양식 개념이라고 했습니다. 동양 철학에서는 그렇지 않습니
다. 중국인들은 삶을 하나의 특별한 상황으로 파악합니다. 삶에 대
해 내가 할 수 있는 최선은 활력을 최대로 끌어올리고 내가 체험하
는 것을 강화하는 것입니다. 순간의 철학이지요. 우리 서양인들은 지
나치게 미래를 생각하는 것 같습니다. 그래서 지금 이 순간을 제대로
즐기지 못하고 있습니다.

— 사실 우리가 현재에 강하지 않지요.

현재는 우리에게 가장 중요한 문제가 아니었습니다. 라신이나 코르
네유 같은 위대한 극작가들이 과거에 집착하도록 버릇을 들였습니
다. 현재를 담고 있는 것은 몰리에르뿐이었지요. 요즘도 과거를 회상
하고 과거의 상황을 언급하는 공연들이 많습니다. 반면 우리가 생계

를 유지하는 방식은 미래를 향하고 있습니다. 우리가 낸 실적을 항상 과거의 실적, 그리고 우리가 세운 목표와 비교합니다. 서구 사회에서는 성과가 유행입니다. 장수는 그러한 경향을 더욱 강화합니다. 노년에 이르면 많은 사람들이 성과를 위한 전진을 멈추고 사회에 생계 수단을 마련해달라고 요구합니다. 그런 보상을 받기 위해 분담금을 내왔다고 생각하는 것이지요. 이제는 그런 포기를 늦추는 것도 한번 생각해볼 때입니다.

— 개인적인 노화 과정뿐만 아니라 지배적인 흐름에도 저항해야 한다는 것인가요?

노년에 다가간다는 것은 저항의 시기에 들어서는 것을 의미합니다. 그 시기에는 사실 더 이상 자기 자신을 극복하려고 하지 않습니다. 다만 양보하지 않고 포기하지 않으면서, 우리보다 강해서 속임수를 쓸 수밖에 없는 적에 맞서야 합니다. 또 우리가 휩쓸려 들어가 우리를 위축시키고마는 유행에 반대해야 합니다. 그것은 참여, 에너지, 용기, 끈질김, 믿음이 필요한 모험입니다. 버티고 견뎌야 합니다. 통계를 보면 제 나이가 되면 벌써 노화의 영향을 받는다고 합니다. 통계를 조작하는 것은 황당하고 유치한 일일지 몰라도 거기에서 당장 만족감을 얻을 수 있다면 뭐 어떻습니까? 저는 나이가 들수록 현재의 질에 대해 더 집중합니다. 매순간을 일종의 작품으로 만드는 것이지요. 무한대와 비교해보면 매순간이 아무것도 아닐까요? 물론 그렇겠지요. 하지만 나에게는 중요합니다. 그리고 그것이 내가 가진 전 재산이고요.

─ 노년이 문제가 될 때 자주 거론되는 말이 바로 '존엄성'입니다.

존엄성은 하나의 질문으로 요약됩니다. 내 안에서 인간적으로 남아
있어야 할 부분은 무엇일까? 노예나 물건으로 전락하지 않으려면 무
엇을 가꾸어야 하나? 어느 순간에는 '아니야! 그렇게 되도록 내버려
둘 순 없어. 그렇게 되기 싫어. 그런 모습이 되는 건 받아들일 수 없
어. 그런 상황에 놓이는 건 참을 수 없어'라는 생각이 들게 됩니다.
고령 노인들이 최선을 다해 지키려고 하는 것이 존엄성의 신호들입
니다. 죽음이라는 출구를 향해 걸어갈 때 허리를 꼿꼿이 펴는 것이지
요. 그래야 우리가 늙었어도 우리 자신의 눈에 비친 우리의 모습은
살아 있을 테니까요.

─ 진정한 자존심을 보여주고 나 자신에 대한 믿음을 북돋우라는 말씀
이군요. 그것은 흐르는 시간 앞에 소중한 자산이고요.

최소한 자신을 폄하하려는 마음을 떨쳐버려야 합니다. 능력이 줄어
드는 게 보이면 '나도 늙는구나. 못생겨지고 굼떠지고 시대에 뒤쳐지
는구나'라고 생각하게 되지요. 사회적으로는 늙었지만 개인적으로는
아직 청춘인 '젊은 노년들'이 그런 문제를 피하려면 삶과 관계, 관심
사의 흐름을 유지해야 합니다. 노화가 신체적 징후로 나타나기 시작
하면 외면을 무한정 깎아낼 수 없습니다. 균열이 생겨도 아름다운 건
물이 있지요. 항상 움직이도록 노력합시다. 최대한 오래 움직여야 합
니다.

말은 쉽습니다. 그러려면 우리가 누구인지 알아야 할 텐데요. 제2의 청소년기에 우리가 자신에 대해 갖고 있는 이미지, 우리의 기준점이 되는 내면의 작은 동상은 심각하게 훼손될 수 있습니다.

살아가면서 때로는 내가 나 자신에 대해 갖는 이미지가 얼마나 잘못되었고 적절하지 않은지 깨닫게 됩니다. 그리고 그 이미지 때문에 얼마나 많은 실수를 저질렀는지도 알게 되지요. 나이가 들면 성공과 실패를 종합해볼 수 있습니다. 그때는 느낌이 아니라 사실을 알게 되는 것이지요. 예를 들어 저는 젊었을 때 성격이 까다로웠습니다. 지금은 괜찮아졌다고들 합니다. 하지만 저는 제 성격에 대해 제가 가지고 있던 생각보다 행동이 더 빨리 바뀌었다는 것을 깨달았습니다. 제 성격이 더 나아졌다고 인정하기까지 10년이나 걸렸습니다. 자신을 믿는다는 것은 그렇게 오래 걸리는 일입니다. 바람 한 점에도 흔들리지 않는 이미지를 만든다는 것은 말씀하신 대로 힘든 일입니다. 조금만 안 좋은 말을 들어도 나에 대한 믿음이 흔들리니까요. 60세라는 나이가 우리를 풍요롭게 해주는 것 중 하나가 다른 사람들의 말에 무관심해진다는 것입니다. 그리고 비록 그 수는 적어도 우리에게 정말 중요한 사람들의 말에 더 관심을 기울인다는 것이지요. 그러면 사람들이 좋아하는 나의 장점을 파악하고 그 모습에 나를 맞추려고 노력하게 됩니다. '사람들이 나를 신뢰할 수 있는 사람이라고 생각한다고? 그렇다면 그걸 유지하도록 더욱 노력해야지.' 말씀하신 것처럼 우리 내면에 있는 작은 동상은 자기도취나 허세로 만들어진 것만은 아닙니다. 그것은 나의 경험, 나의 단점뿐만 아니라 나의 장점과 재능에 대한 냉정한 판단에 기반을 둔 처연함과 명철함으로 만들어 질 수 있습니다.

환상이 현실을 가린다

— 선생님이 말씀하시는 것은 적어도 합리적인 사람이 될 것, 더 나아가 현명한 사람이 되라는 것이군요.

저는 활력도 중요하다고 보지만 현실주의도 꼭 필요하다고 생각합니다. 나이가 들면 엉뚱한 생각이나 하고 있을 시간이 없습니다. 큰 비극이라면 얘기가 달라지겠지만 살아가면서 느끼는 고통의 대부분은 사람, 사물, 그리고 나 자신에 대해 환상을 품었기 때문에 생기는 것입니다. 즉 현실감이 부족해서 비롯된 것이라고 할 수 있지요. 제가 생각하는 합리적인 태도는 현실을 고려하기 위한 노력을 배가하는 것입니다.

— 노년의 현실은 어차피 노쇠해가는 육체, 혼미해지는 정신, 고집 꺾인 보잘 것 없는 자아 아니겠습니까? 적어도 사람들의 생각은 그런데요. 나의 운명을 현실적으로 바라보는 것이 반드시 즐거운 일만은 아닙니다.

현실주의가 반드시 비관주의나 우울함을 뜻하는 것은 아닙니다. 최악의 상황은 우리가 죽는다는 것입니다. 죽음을 확실한 것으로 일단 받아들이고 나면 나머지는 덜 고통스러울 것입니다. 죽음이라는 현실과 비교하면 모든 상황은 아무리 어렵다고 한들 내 삶의 한 조각이고 따라서 기꺼이 맞이해야 하는 것이 됩니다. 나이가 들수록 그런 사실을 받아들이게 되지요. 오늘도 나는 살아있다고 느끼지 않습니까? 그러나 나에게 전화를 걸어오는 사람이 아무도 없다고 해서 새로운 하루를 한탄이나 하면서 보낸다면 나는 실제로 불행한 인간이 되겠지요. 사람들은 현실에 온전히 접근할 수 있다는 듯이 말하곤 하죠. 하지만 현실은 주관적인 것입니다. 우리의 해석에 달린 것이며 우리가 인식하는 것에 지나지 않습니다. 물론 바위에 머리를 부딪치면 현실감은 매우 구체적으로 다가오지요. 하지만 우리의 능력이나 다른 사람들의 태도는 우리의 주관적인 인식에 의해 걸러집니다. 현실주의는 우리의 주관을 최소한으로 줄이는 것입니다. 거창한 방법이 있는 건 아닙니다. 나의 인생에 대해 생각하는 것은 언제 어디서나 가능한 일입니다. 그러나 주위의 시끄러운 소리와 자신을 폄하하게 만드는 선입견 따위에 지배되지 않도록 노력을 기울여야 합니다. 노인들은 자신들의 상태가 좋지 않다는 사회적 메시지를 받습니다. 사회의 인식이 변해야 합니다. 오래 사는 사람들이 늘어나면 사회도 큰 혼란을 겪을 것이기 때문입니다.

- 암초들을 잘 피하기 위해 외부의 조력자에게 도움을 청하는 것도 좋을까요?

필요하다면 굳이 마다할 이유는 없습니다. 여기에서도 50세가 넘으면 말로 치료하는 것은 아무 소용이 없다는 선입견을 갖게 됩니다. 노년으로 가는 길에 일종의 코칭을 받는 것도 생각해볼 수 있지 않을까요? 청소년 전문 심리치료사가 있듯이 노인의 심리를 돌봐줄 노인학자도 있을 수 있습니다. 과거에는 사제가 그 역할을 대신 했지요. 노인들이 성당에 잘 나갔던 것은 수다를 떨면서 마음의 안정을 찾기 위해서였습니다. 요즘 노인들은 모든 것을 혼자 하려고만 하지요. 이 문제만 놓고보면 우리는 모두 외로운 카우보이입니다.

죽음 배우기

— 참 좋은 말씀이지만, 사람들은 자신 앞에 놓인 새로운 땅을 정복하고 여행이 끝나고 나면 인생의 저 끝에는 낭떠러지가 있지 않느냐고 하지 않을까요? 죽음이라는 새로운 현실 앞에서 우리는 어떻게 해야 할까요?

"철학하는 것은 죽음을 배우는 것이다"라는 몽테뉴의 말이 있습니다. 자신의 죽음을 명철하게 인식하지 못하고 노년을 맞이하는 것은 위험한 일입니다. 젊을 때 미리 신경을 써야 하지요. 급하게 서두르거나 약해졌을 때 죽음을 준비하면 힘이 들고 불안감도 커집니다. 저는 죽음과의 화해가 우리 인생의 가장 큰 과제라고 생각합니다. 죽음이야말로 우리가 매순간을 즐길 수 있는 능력을 쥐락펴락하지요. 저도 오래전부터 죽음을 생각하고 있습니다. 죽음과 어느 정도 친해지는 것이야말로 일상을 차분히 꾸려갈 수 있는 유일한 방법입니다. 불안감은 모든 것을 망칩니다. 우리는 우리의 죽음을 엄숙하게, 그러나 반항하거나 저항하지 않고 바라볼 수 있기를 바랍니다. 삶이 정상적으로 흘러간다면 죽음은 그 안에 조금씩 녹아들어 결국 우리의 일부가 될 것입니다.

― 죽음에 집착하지도 않고 죽음을 두려워하지도 않으려면 어떻게 해
야 할까요?

인간을 포함한 모든 동물은 언젠가는 자신의 죽음과 화해한다고 생
각합니다. 그것은 거의 생물학적인 과정입니다. 참 다행이지요. 아이
의 죽음은 사람들을 항상 충격에 빠트리지만 85세 노인의 죽음은 그
렇지 않습니다. 만약 그렇지 않다면 모든 죽음이 고통스럽겠지요. 물
론 신경쇠약증과 같이 노화로 유발되는 정신질환도 있습니다. 그러
나 노인들 대부분은 인생에 대한 철학을 갖게 되고 일종의 실용주의
를 택합니다. 죽음을 생각하고 죽음을 가까이 함으로써 두려움을 덜
어내는 것이 바람직합니다. 40세보다 80세에 죽음에 대한 두려움이
줄어드는 사람들도 많겠지요.

― 죽음이 두려운 것은 고통 때문인데요.

물론이지요. 우디 앨런도 "죽음은 두렵지 않다. 하지만 그날 나는 다
른 곳에 있고 싶다"라고 말했습니다. 잠을 자다가 죽을 수도 있고 교
통사고를 당해서 죽을 수도 있습니다. 의식이 없을 때 말이지요. 드
골 장군의 죽음은 아마 가장 이상적인 죽음일 겁니다. 성공의 정점
에서 갑자기 쓰러졌으니까요. 하지만 모든 사람이 그런 죽음을 맞이
할 수는 없습니다. 미국의 한 유명한 기자는 백혈병에 걸려 18개월
의 시한부 인생을 선고 받은 순간부터 자신의 불안감을 덜어내려고
일기를 쓰기 시작했습니다. 그리고 가끔 "오늘은 죽음을 생각한 적이
한 번도 없었다"라며 놀라기도 했지요. 그는 시한부 인생을 살면서도

조금씩 죽음에 대한 생각을 멈출 수 있다는 것을 깨달았습니다. 그런

놀라운 적응 능력이 우리 각자의 내면에 있다고 저는 믿습니다.

발자국을 남기지 않고
떠나라

우리가 태어나기 전에 있었던 무無의 상태로 돌아간다는 걸 받아들여야 하겠지요. 아무것도 이해하지 못한 상태에서 겸손하게 말입니다.

내가 누구였는지 기억하지 않아야겠지요. 삶의 한 순간에 집착하면 씁쓸한 노년을 맞이할 가능성이 큽니다. 가장 좋았던 순간을 기억하며 그것이 내가 수용할 수 있는 유일한 나의 모습이라고 믿게 되는 것이지요. 하지만 그렇지 않습니다. 나 자신에 대한 정의는 최후의 먼지입니다. 과거의 나와 현재의 나를 비교하기 시작하면 절망을 향해 치달을 뿐입니다. 대신 미래, 즉 죽음과 비교하면 우리는 모두 승자가 될 수 있습니다. 죽음을 받아들이려면 내가 과거에 그렇게 중요한 사람이 아니었다는 사실을 받아들이는 것이 좋습니다. 대리석으로 커다란 무덤을 갖고 싶은 생각이 그때는 들지 않겠지요. 가끔 저는 도교의 가르침을 생각할 때가 있습니다. "발자국을 남기지 않고 눈밭을 걸어가라." 많은 사람들이 자신의 족적을 남기고 싶어합니다. 개중에는 도시를, 제국을, 유적을 짓는 사람도 있지요. 작품을 완성한 사람도 있고요. 흔적을 남기지 않는 것이야말로 아름다운 야망이

아닐까요? 이는 물론 달성하고 싶기도 하고 어쩌면 사람들이 부러워 할만한 목적이 아닐까요?

— 과학자들은 인간이 최대 120~140세까지 살 수 있다고 합니다.

그렇다면 제 자식들이 늙어서 저보다 먼저 세상을 떠나는 모습을 보고 싶을지 의문입니다. 그런 예측을 머릿속에서만 하는 것이 아니라 실제로 경험할 날이 언젠가 오겠지요. 저는 그 정도로 장수하고 싶을지, 아니면 적당한 선에서 명을 다하고 싶을지 잘 모르겠습니다. 수명 연장은 존엄사 문제를 더욱 첨예하게 만듭니다. 같은 날 함께 세상을 떠난 슈테판 츠바이크와 그의 아내가 생각나네요. 또 몇 년 전에는 작가 노엘 샤틀레와 리오넬 조스팽 전 총리의 모친이 자식들에게 미리 알리고 계획적이고 의식적으로 죽음을 선택했지요.

— 우리가 지금까지 나눈 얘기와 맥이 닿지 않는 결정은 아니군요. 오랫동안 잘 살아온 뒤에 세상을 떠나기로 결정할 날이 오겠지요. 이 또한 매우 큰 자기절제로 한 걸음 나아가는 것입니다. 아직까지는 충격적으로 받아들여지지만 앞으로는 그렇지 않을지도 모를, 일종의 자유라고도 할 수 있겠네요.

존엄사를 논할 때는 손이 약간 떨립니다. 하지만 우리가 생각하는 것보다 어렵지 않을 지도 모르겠습니다. 어쨌든 죽음을 선택하는 것은 현대사회의 문제입니다. 오래 사는 사람들이 많으니까요. 안락사나 튜브를 뽑아 고통을 끝내는 결정을 말하는 것이 아닙니다. 이런 일들은 사회에서 용인될 가능성이 조금씩 생기기 시작했습니다. 그러나 아직 정신이 온전할 때, 그리고 육체적으로도 문제가 없을 때, 다른 사람의 도움 없이 계획을 실행할 수 있을 때 죽음을 선택하는 개인의 문제는 다릅니다. 순전히 철학적인 이 문제는 많은 사람들이 생각해봐야 합니다. 지금으로서는 저도 이 질문에 어떤 답을 내려야 할지 알 수 없군요.

— 욕망이라는 희한한 것이 우리에게 남아 있는 한 그런 문제는 떠오르지 않을 것 같습니다. 삶에 대한 욕구, 세상을 품고 싶은 마음, 세상을 이해하고 세상에 감동하고 싶은 바람, 그리고 사람들, 여자들의 아름다움을 음미하는 즐거움 말이지요. 오래 살면서 그 욕망을 유지하는 것이 좋지 않을까요?

모든 방법을 동원해서 욕망을 최대한으로 끌어올리는 것이 물론 중요합니다. 하지만 환상은 버려야 합니다. 그렇지 않으면 내일 죽을 준비를 할 수 없습니다. 죽음을 받아들이는 것은 욕망을 버리는 것과 같습니다. 젊은 사람이 죽는 것이 아까운 것은 그가 많은 욕망을 품고 있었기 때문입니다. 장수할 때 우리가 간직해야 할 아주 중요한 생각이 있는데요. 그것은 내일 죽을 수도 있다는 생각을 받아들이는 것입니다. 언젠가 산다는 게 피곤한 날이 올 것이고 그러면 떠나는 것이 그리 어렵지 않을 것입니다. 철학자 보브나르그*도 "사물이 있는 그대로 보이기 시작했다. 이제 떠날 때가 되었구나"라고 했다고 합니다.

* Luc De Clapiers Vauvenargues (1715~1747) 프랑스의 작가. 군인으로 활동했으나 천연두에 걸려 고독한 생을 보냈다. 많은 글을 썼으나 생전에는 발간되지 못했다. 사후 발간된 책 중 《사색과 잠언》이 널리 읽히고 있다.

3부

사회

7장
독이 든 선물

진보라는 착한 마법사를 붙들어두기 위해 현대사회는 새로운 노년에 또 하나의 선물을 선사했다. 그 선물이란 직장을 그만두고 점점 더 일찍 은 퇴할 권리다. 연금을 받으며 사는 은퇴 노인. 하지만 그곳에는 무시무시 한 두 번째 마법사가 있었으니…….

두 명의 마법사

도미니크 시모네 : 어떤 능력도 상실하지 않은 건강한 상태에서 누리게 되는 제2의 인생, 그리고 앞에서 말한 것처럼 순간을 즐기는 시간. 이것이 바로 요즘 60대가 바라보는 노년의 모습입니다. 그러나 그런 발전은 개인뿐 아니라 사회 전체에도 영향을 미치고 있습니다. 그 결과가 생각보다 엄청날 수도 있고요.

프랑수아 드 클로제 : 진보는 두 마법사의 역사입니다. 첫 번째 마법사은 인류에게 증기, 전기, 항생제, 농업, 비행기 등 우리의 삶을 향상시키는 발견과 발명을 계속해서 선물했습니다. 그러나 그 뒤를 잇는 두 번째 마법사는 마귀할멈과 같습니다. "이 선물은 물론 좋은 것을 가져다 줄 것이야. 하지만 사용법을 알아야 그것을 누릴 수 있지"라고 위협합니다.

— 사용설명서는 늘 찾기 힘들지요.

인류는 사용설명서를 조금 늦게 발견하는 경향이 있습니다. 처음에는 선물이 가져다 준 좋은 혜택만 바라봅니다. 자동차를 예로 들어볼까요. 자동차는 개인이 한 시간에 100킬로미터나 이동할 수 있도록 해주는 훌륭한 발명품입니다. 지치지도 않고 마음대로 이동할 수 있지요. 정말 대단하지 않습니까? 처음에는 그저 좋기만 합니다. 해가 바뀔 때마다 발전은 전파되고 대중화됩니다. 하지만 모든 사람이 자동차 운전자가 되면 어떤 일이 벌어질 지 뻔합니다. 교통사고가 증가하고, 오염이 가중되며, 도시의 흐름은 정체됩니다. 개인의 자유를 위한 도구가 공동체의 불편이 되는 것이지요. 그 모든 것이 우리가 예상하지 못한 부작용 때문에 일어납니다. "그럼 어떻게 사용해야 하는 걸까" 의문을 갖게 됩니다. 점차적으로 교통법을 제정하고 교통량을 조정하며 주정차를 통제하고 환경오염을 막고 속도를 제한하고 음주운전을 금지하게 되지요. 일반적으로 우리는 새로운 것이 낳게 될 불편함을 미리 예상하지 못합니다. 늘 차후에 정신을 차리고 나쁜 부작용이 좋은 혜택을 넘어서지 않도록 우리 사회를 적응시키려고 합니다. 그것이 진보의 역사입니다.

— 장수의 발전 과정이기도 하겠군요. 현재 우리는 그 첫 단계에 와있습니다. 장수의 이점을 발견하는 데 열중하는 순간이지요.

그것이 바로 함정입니다. 착한 마법사가 "당신은 앞으로 10~15년 더 오래 건강하게 살 수 있어요"라고 말해준다면 참 좋겠지요. 그럴 수만 있다면 누리자는 생각이 듭니다. 그러나 안타깝게도 두 번째 마법사가 그리 멀지 않은 곳에 있습니다. 노년은 자동차와 마찬가지로 천천히 다가옵니다. 점점 더 많은 사람들이 보다 더 오래 살게 되겠지요. 하지만 이 문제 역시 우리 사회는 사용법을 모르고 있습니다. 젊은 대학생, 일하는 성인, 은퇴한 노인 등 우리의 연령은 자신의 사회적 지위를 말해주기도 합니다. 그렇다면 60~75세 사이를 가리키는 새로운 노년의 지위는 무엇일까요? 건강하게 살아가는 이 연령대는 점점 더 늘어나고 있는데 우리는 별다른 고민 없이 이 새로운 노년을 단순히 '은퇴'로 분류해버렸습니다. 그것은 사회를 대혼란에 빠트릴지도 모를 실수였습니다.

동물에게는 은퇴가 없다

- 과거에는 은퇴가 노년, 다시 말해 능력의 상실, 그리고 노화와 함께 시작된 것이 사실입니다. 하지만 요즘 60~75세에는 해당되지 않는 얘기입니다.

먼저 역사를 한번 돌아보면서 '은퇴'와 새로운 노년이 나타나기 전에도 존재했던 '노후'에 대해 생각해봅시다. 사실 자연에는 그것이 문제가 되지 않습니다. 동물은 살아가는 수단을 완전히 잃게 되면 더 이상 생존할 수 없습니다. 어떤 방법으로든 제거됩니다. 동물에게는 능력 있는 노년이라는 것 자체가 불가능합니다. 인간에게 잡혀서 보호를 받을 때에나 노년을 누릴 수 있지요. 동물의 은퇴는 동물원에서나 가능합니다. 거북이나 코끼리처럼 오래 살고 죽을 때까지 성장하는 동물이 있기는 하지만 그것은 예외적인 경우입니다.

- 우리가 아무리 죽음의 순간을 뒤로 미뤄놓았다 하더라도 인간도 동물이라서 결국은 늙을 수밖에 없습니다.

인간은 온혈동물 중에서 기대수명이 가장 높습니다. 그것이 참 희한한 점이지요. 왜냐하면 종을 위해 개체를 희생하는 것, 번식에 좋은 것만 취하고 나머지는 제거하는 것이 진화의 황금법칙입니다. 그렇다면 개체는 번식 단계에서만 필요합니다. 새로운 세대가 나타나면 개체는 사라지게 되고 최대한 빠르게 죽는 것이 최선입니다. 수컷 연어는 교미 후에 바로 죽습니다. 새끼들이 아직 태어나지 않았는데도 말입니다.

- 노년의 삶을 산다는 것은 문화와 문명의 결과라 할 수 있으니 또 다

르겠네요.

인간이라고 동물과 크게 다르지는 않습니다. 많은 '전통'사회가 서로 다른 여러 가지 의식을 동원해 노인들을 제거했습니다. 적대적인 환경, 극단적인 생존 조건에서는 노인을 부양하기가 아주 어렵습니다. 그래서 노인들은 조용히 떠납니다. 북극 인근의 부족에게서 그런 현상을 관찰할 수 있습니다. 선택이든 강요든 그러한 '안락사'는 생각보다 꽤 자주 일어났습니다.

일할 수 없는 노인들을 어떻게 하지?

— 하지만 노인을 부양하는 '사치'를 누렸던 전통사회에서는 노인에 대한 공경심도 있었고, 또 노인들도 공동체를 위해 중요한 역할을 했습니다. 고대 그리스의 철학자들 중에도 장수를 누린 사람들이 많고요.

전통사회에서는 경험, 권위, 지혜를 중요한 미덕으로 여겼습니다. 이 미덕들은 과거에 기대고 있고, 또 과거에 대해서는 당연히 노인이 더 전문가였습니다. 노인은 지식을 기억하고 있고, 비법을 알고 있으며, 그것이 세상을 움직이는 기준이었습니다. 그렇게 해서 사회적으로 인정받았지요. 그러나 사회가 더 이상 과거가 아닌 미래를 보기 시작한 순간, 모든 것은 흔들리기 시작했습니다. 과학과 기술의 발전이 역사란 멈춤 없는 진보라는 것을 가정했기 때문입니다. 그러면서 과거의 인간은 지혜에 대한 독점권을 잃어버렸습니다.

― 계몽사상과 비슷하군요.

그렇습니다. 예를 들어보죠. 와인은 수천 년 동안 손재주가 있고 미각과 후각이 탁월한 와인 장인들이 빚었습니다. 와인 장인을 대신할 사람은 없었습니다. 그런데 양조학이라는 게 생겨났습니다. 양조학자들은 와인이 만들어지는 과정을 화학적·생물학적 현상으로 분석해 와인 제조를 수식으로 표현했습니다. 그러자 학교에서 와인 지식을 배운 전문가가 와인 장인을 능가하기 시작했습니다. 와인 장인은 아버지에게 와인 만드는 법을 배웠고, 그의 아버지는 또 그의 아버지에게 비법을 배웠습니다. 그래도 이 분야에서는 아직까지 양조학자가 나이 지긋한 와인 장인의 의견을 무시하지 못하지요. 그러나 전자, 우주항공, 광고 같은 분야에서는 고참이 늘 신참에게 밀려납니다. 권위, 아는 능력과 예측하는 능력은 내려가는 세대에서 치고 올라오는 세대로 넘어갑니다. 결국 노인은 지위를 상실했고, 오늘날에는 그 현상이 미친 게 아닐까 싶을 정도로 심각합니다.

― 하지만 노인에게는 능력, 노하우, 지혜 등 물려받은 것이 아니라, 시간과 경험에 의해 스스로 획득한 자산도 있습니다. 그것은 학교에서 배울 수 있는 것이 아니지요.

모든 경험이 반복적인 일상이라거나 혹은 지식의 가치가 얼마나 새로운가에 따라 정해진다고 생각하는 것은 크나큰 오산입니다. 그런 생각이 만연하다보니 기업에서는 노인의 가치를 잊습니다. 실수를 깨달은 일부 기업에서는 나이 많은 사원들을 다시 회사로 불러들이기도 합니다. 그러나 그것은 일부의 이야기이고, 진보가 지배하는 현대사회에서는 노인의 지위가 땅에 떨어진 것이 보다 일반적입니다. 그러다보니 문제가 하나 생겨났습니다. '더 이상 일할 수 있는 상태에 놓이지 않은 사람들을 어떻게 해야 할까?'

임금을 올리지 말고
나중에 연금을 주자

— 그들이 계속 살아갈 수 있도록, 그리고 가능하다면 잘 살 수 있도록 도움을 주면 되겠지요. 그것이 '연금' 아니겠습니까?

그렇군요. 프랑스는 전통적으로 농경사회였습니다. 농장에서는 노인들이 허드렛일이라도 계속했습니다. 자신의 자리가 있었고 늙어서도 밥벌이를 했습니다. 최초의 퇴직연금은 가정에서 나온 셈이죠. 그러나 노동이 분화하고 전문화되자 문제는 달라졌습니다. 19세기 말 최초로 연금을 제도화한 인물은 바로 독일의 비스마르크입니다. 자, 그럼 몇 살을 기준으로 연금을 주어야 할까요? 비스마르크의 관료들은 연금 지불액을 최소화하려 했다고 합니다. 퇴직 연령을 65세 정도로 정하면 크게 문제되지 않을 거라 생각했죠. 당시 노동자들의 삶은 고달팠습니다. 전쟁에 내보낼 수 없을 정도로 노동자들이 지쳐 있다며 군대에서 불평을 할 정도였지요. 힘든 노동으로 망신창이가 되었기 때문에 65세부터 연금을 받기 시작해도 수령 기간이 2~3년을 넘는 경우가 드물었다고 합니다.

– 퇴직연금은 죽기 직전에야 곁에 둘 수 있었던 동반자에 불과했군요.

한때 연금은 생계수단이 없는 사람들에게는 도움이 됐습니다. 제도
화된 것도 그 때문이죠. 1945년에 일반연금제도가 마련되자 사회적
상황이 바뀌기 시작했습니다. 처음부터 정년 구분은 비상식적이었
지요. 물론 광부처럼 힘든 직업군의 정년은 매우 빨랐습니다. 그러나
기대수명과 퇴직 연령을 직업군별로 비교해보면 가장 빨리 사망하
는 직업군이 가장 늦게 퇴직했고, 가장 오래 사는 직업군이 가장 빨
리 퇴직했다는 사실을 알 수 있습니다. 전문노동자는 65세에 퇴직해
서 68세에 세상을 떠났고, 초등학교 교사는 55세에 퇴직해서 15년을
더 살았습니다. 기대수명이 짧을수록 직장생활을 더 오래한 것이
지요.

– 좋은 아이디어가 변질됐군요. 힘든 노동으로 기력을 잃어 생계를 이
어나갈 수 없는 사람을 돕는 것이 아니라 도움이 그다지 필요하지
않은 사람에게 혜택을 더 많이 주었으니까요.

맞습니다. 개인을 혹사시키는 가장 힘든 직종이 전통적으로 퇴직이
가장 늦은 직종입니다. 그것이 프랑스의 퇴직 체계입니다. 사회에서
잘 다룰 필요가 있는 사람에게는 사회적 이익을 부여하고 정말 누려
야할 사람에게는 주지 않는 것이지요. 국가는 임금을 인상해주느니
차라리 연금을 주는 것이 더 쉬운 방법이라고 생각한 것입니다. 연금
은 즉각적으로 재정에 영향을 미치지 않지만 임금을 인상하면 돈을
써야 하니까요. 사실 어이없는 얘기죠. 하지만 지금까지 체계가 그렇
게 유지돼 왔습니다. 연금을 감당할 노동인구가 많았고, 은퇴한 노인

도 지나치게 오래 살지 않는 균형이 깨지지 유지되었기 때문이지요.

실업자를 만드느니
퇴직시켜라

— 당시에는 연금 수준이 상당히 낮았다는 점도 지적해야할 것 같습니다.

그리고 노인이 '경제적으로 취약'하다고 생각했지요. 프랑스의 기초 노령연금 수령자가 여전히 70만 명이라는 사실을 잊지 마십시오. 연금 인상은 1974~1981년까지 발레리 지스카르 데스탱 대통령이 집권한 7년 동안 중대한 복지 사안이었습니다. 그 이후 연금수령자의 구매력은 임금노동자보다 빠르게 증가했습니다. 자녀가 있는 노동자와 연금수령자의 생활수준을 비교하는 것은 쉽지 않지만, 통계 전문가들, 특히 프랑스 생활조건연구소CREDOC는 1990년대에 은퇴 노인들이 노동자를 따라잡았다고 평가합니다. 퇴직연금은 임금보다 적지만, 50세가 되면 프랑스 국민의 3분의 2가 부동산 소유주가 됩니다. 퇴직할 때면 대출의 짐을 벗는 것이지요. 은퇴 노인들은 프랑스 부동산의 60퍼센트를 소유하고 있습니다. 게다가 은퇴 노인의 4분의 1이 소득이 나오는 자산을 갖고 있습니다. 하지만 전체 국민으로 따지면 그런 사람은 10퍼센트에 지나지 않습니다. 결국 그들의 생활수준은 노동인구의 생활수준보다 평균적으로 더 높습니다. 또 보통 50세가 지나면 물려받는 유산도 있다는 걸 잊지 맙시다.

― 위생과 의학의 발전 덕분에 동시에 기대수명도 조금씩 늘어났다는 사실은 간과했죠.

매년 3개월씩 증가했습니다. 그것이 혼란을 불러일으키리라고는 생각하지 못했습니다. 그런데 결국 1950년대 초에 66세였던 기대수명이 지금은 80세까지 늘어났거든요. 이렇게 놓고 보면 세상이 변한 게 보이지요. 결국 퇴직하고 사망할 때까지의 기간이 늘어났고 그것을 감당할 비용도 커졌습니다. 게다가 이웃 국가보다는 덜하지만 프랑스의 출산율이 떨어졌기 때문에 그 비용을 감당할 사람도 줄어들었구요. 퇴직연금을 받는 사람은 많아졌고, 연금액도 증가했으며, 수령 기간도 길어졌는데 그것을 지불할 노동인구는 줄어든 것입니다.

― 계산이 복잡해졌네요…….

하지만 이런 일이 닥칠 거라는 사실은 예전에도 알 수 있었습니다. 예측할 수 없는 축구 경기와는 달리 인구 변화는 몇십 년 전에 이미 알 수 있으니까요. 2040년이 되면 프랑스의 60세 이상 노인 인구가 1000만 명 증가하리라는 사실은 이미 오래 전에 알고 있었습니다. 1991년 미셸 로카르 총리 시절 발간된 퇴직연금에 관한 백서에, 그리고 다시 1999년 샤르팽 보고서*에도 그 내용이 나옵니다. 무슨 일이 벌어질지 정부는 미리 보고를 받은 것이지요. 정부는 그런 사

* Jean-Michel Charpin, Catherine Zaidman et Jean-Marc Aubert, *L'Avenir de nos retraites. Rapport au Premier ministre.*

실을 알면서도 불균형을 줄이기보다 오히려 증폭시켰습니다. 1980년대부터 퇴직 연령을 늦추도록 준비한 것이 아니라 오히려 앞당긴 것이죠. 비현실주의의 극치였습니다. 퇴직 연령이 앞당겨진 것은 철

강 산업의 구조조정이 시발점이었습니다. 궁지에 몰린 철강 산업을 위해 정치인들은 큰 확신 없이 직종변경을 제안했습니다. 실업자를 만드느니 차라리 빨리 퇴직을 시켜버린 것입니다. 인간적이고 고통도 덜한 해결책이지만, 아주 위험한 선례를 남겼지요.

— 철강과 광산 분야가 극도로 어려움을 겪고 있었기 때문에 정당한 방법이긴 했습니다.

맞습니다. 제련업 종사자는 조기 퇴직을 누릴 자격이 충분합니다. 퇴직연금이 로비가 아니라, 노동으로 인한 쇠약 정도를 기준으로 공평하게 정해졌다면 이미 오래 전에 55세에 퇴직할 수 있었을 것입니다. 사실 철강 분야의 조기 퇴직자들은 균형을 바로잡은 것뿐입니다. 문제는 거기에서 끝나지 않았다는 데 있습니다. 1980년대에 사회당 출신의 총리였던 피에르 모루아가 모든 직종에 60세 정년을 제도화하는 정책을 유급휴가만큼이나 엄청난 사회적 진보인 것처럼 들고 나왔습니다. 모루아 총리가 정말 솔직하게 말했다면 아마 "은퇴 기간 5년을 우리 아이들에게 더 짐 지우기로 했습니다"라고 하지 않았을까요? 이 문제에 대해서는 다시 논하기로 하지요.

은퇴는 청년 실업을
막지 못한다

— 당시 정치인들은 퇴직 연령 단축이 실업을 퇴치할 수 있는 방법이라고 주장했습니다. 조기 퇴직자들이 회사를 떠나면 젊은이들이 그 자

리를 차지할 테니까요.

그렇게 완전고용을 회복한다면 이상적이겠지요. 당시에는 사람은 많고 일자리는 적기 때문에 실업이 발생한다고 생각했습니다. 그러니까 노동시장에서 시니어들을 밀어내고 그 자리를 청년들에게 줘야 한다는 결론이 나온 것입니다. 지금은 그 가정이 틀렸다는 것이 증명됐지요. 답은 명쾌합니다. 프랑스는 '노인'이라고 불리는 평균 58세의 노동자를 가장 빨리 내쫓는 나라가 되었습니다. 프랑스 국민 3명 중 1명이 법적 정년 연령 이전에 조기 퇴직합니다.

— 그렇다면 시니어가 노동시장을 지배한다고 말할 수 없겠네요.

그렇죠. 그 결과는 어땠을까요? 프랑스가 두 개의 신기록을 갖게 되었는데요. 물론 두 기록이 연관돼 있습니다. 시니어의 고용률이 가장 낮고 청년 실업률이 가장 높다는 것입니다. 55~64세 인구 중 여전히 직장을 다니는 사람의 비율은 3분의 1이고 세계 평균은 50퍼센트입니다. 또 프랑스의 청년 실업률은 19퍼센트로 유럽 평균인 14.6퍼센트를 웃돕니다. 지난 30년 동안 실업률 감소를 목표로 조기 퇴직 정책을 유지해왔지만 그동안 청년실업률은 꾸준히 증가했습니다. 따라서 시니어를 퇴직시킨다고 청년을 위한 일자리가 창출되는 것은 아니라는 결론이 나옵니다. 일찍 직장을 그만두고 쉬면서 청년 실업률을 낮출 수 있다면 얼마나 좋겠습니까. 세대간 유대는 또 얼마나 아름답겠습니까. 하지만 그것은 신화입니다. 그 정책은 실패했고 결과는 참담합니다.

— 그렇다면 55세 이상 노동자를 어떻게 해서든지 쫓아내려한 근거가

무엇일까 궁금해집니다.

프랑스는 맬서스주의에서 영감을 받은 경제 정책을 펼치다가 길을 잃었습니다. 첫 번째 실수는 노동인구가 나눠가질 수 있는 일정량의 일자리가 존재한다고 믿은 것입니다. 그러나 실제로 일자리를 창출하는 것은 우리의 활동, 역동성, 혁신, 용기입니다. 생산하고 창조하는 사람들이 많을수록 경제활동도 많아지니 일자리가 늘어나는 것이지요. 두 번째 실수는 노동자를 일회용으로 생각해서 서로 교체가 가능하다고 믿은 것입니다. 이 또한 잘못된 생각이지요. 젊은 세대가 열정과 자질을 갖추었다고 하더라도 그것이 윗세대가 비워준 자리가 요구하는 조건에 꼭 들어맞는 것은 아닙니다. 퇴직하는 건설 노동자를 대체할 인력은 전혀 없습니다. 우리는 계속해서 실업과 일자리 부족을 결합시키고 있습니다. 그것이 현실이지요.

— 프랑스의 이런 정책은 수단과 방법을 가리지 않는 마키아벨리즘입니까, 아니면 무지나 위선입니까?

비겁함과 우민정치의 결과지요. 조기 퇴직을 마치 사회연대를 위한 정책으로 소개한 것은 그야말로 위선의 극치입니다. 경제를 활성화시켜 일자리를 창출할 정책을 펼칠 만한 용기가 없었던 것이지요. 노동조합의 저항과 반대에 부딪혔을 테니까요. 이는 사회연대와는 아무 상관이 없습니다. 일자리와 임금을 나눠 갖는다는 의미에서는 사회연대라 할 수 있을지 몰라도 그걸 누가 좋아하겠습니까? 프랑스 국민이 그런 상황을 만든 것은 아닙니다. 지배적인 담론이라니까 그냥 믿었을 뿐이지요. 한쪽에서는 노동시간을 줄이면 실업을 줄일 수 있다고 하면서, 다른 한편에서는 점점 더 많은 노동자들을 조기 퇴직시켰습니다. 설문조사를 실시해보니 프랑스 국민이 생각하는 가장 적절한 퇴직 연령이 55~60세라는 놀라운 결과가 나왔습니다. 여론에 못이긴 주요 노조들은 55세 정년의 일괄 적용을 가장 큰 투쟁의 주제로 삼기도 했습니다. 다시 한 번 강조하지만, 퇴직자의 수를 그렇게 늘리면 막다른 골목에 이르게 된다는 것을 정책 결정자들은 알고 있었습니다. 알면서도 진실을 말할 수 있는 용기가 없었지요. 미래를 준비하기는커녕 미래를 담보잡아 버린 것입니다. 상황이 어려워지자 이제야 정년을 늦춰야 한다는 것을 알게 되었지만, 사실 그래야 했다는 것을 과거에도 모르지는 않았습니다.

"돈은 쓰고
입은 다물어라"

— 결국 현재 프랑스의 정년은 평균 58세가 되었습니다. 솔직히 말하면 전체적으로 봤을 때 퇴직자의 삶이 그렇게 나쁘지는 않지요. 특히 젊은이들과 비교해보면 그렇습니다. 실업 걱정도 없고 수입도 보장되어 있으니까요(적어도 그렇게 믿게 만들었지요). 또 부동산을 소유한 사람도 많고 자녀도 장성해서 경제적 짐을 덜었으며 건강도 좋습니다. 만성적인 건강 문제가 있는 75세 노인은 전체의 절반 이하입니다. 간단히 말해서 좋은 삶을 누리고 있다고 할 수 있죠. 65퍼센트 이상이 지금의 삶에 만족한다고 답했으니까요. 물론 다른 연령대와

마찬가지로 가난하고 불행한 노인들도 상당히 많습니다. 하지만 전체적으로 봤을 때 프랑스에서는 60대 노인이 가장 행복한 사회계층인 것으로 알려져 있습니다. 그것은 그들에게 특별히 유리한 지위를 부여해주었기 때문이 아닙니다. 실질적으로는 사회가 직장에서 그들의 등을 떠밀어 내보낸 것이지만, 워낙 사회 전반적인 상황이 좋지 않다보니 오히려 그 때 퇴직을 한 것이 오히려 더 나았던 셈이 된 것이지요.

— 그래서 '시니어의 황금시대'라는 말이 나왔군요.

어쨌든 10~20년 뒤에 퇴직연금 수령액을 낮추게 되면 지금이 좋았구나할 것입니다. 퇴직자들이 경제적인 취약 계층을 형성했던 1950년대로 회귀하는 것은 아닐까 걱정이되긴 하지만 지금은 그런 상황까지는 아닙니다. 요즘 경제적 약자는 오히려 젊은이들이지요. 1950~60년대에는 자녀가 부모를 모셨지만 오늘날에는 부모가 힘든 자녀를 도와주는 형편입니다. 돈의 흐름이 역전된 것이지요. 그렇다고 시니어들에게 책임을 묻지는 맙시다. 그들은 역사적으로 봤을 때 참 좋은 시기에 태어났다고 평가될 것입니다. 장수와 은퇴를 동시에 누릴 수 있는 세대니까요. 지금은 과도기라고 할 수 있습니다. 또 통계에 지나치게 빠져들지도 맙시다. 개개인의 은퇴는 여전히 개인적 문제이며 때로는 커다란 시련이 되기도 하니까요. 은퇴 생활을 훌륭히 해내는 사람도 있지만, 실패하는 사람도 상당합니다. 고립되어 혼자 생활하는 노인도 있지만, 많은 노인들이 여행, 스포츠, 문화, 더 나아가 시민단체 활동 등에서 다양한 사회활동의 행복을 맛보고 있습니다.

－ 일을 하지 못하게 된 시니어는 결국 돈 쓰는 일밖에 할 게 없게 되었

군요.

우리 사회는 그들에게 자리를 마련해주지 못하고 있습니다. 그들을

소비자로만 보려고 하지요. 실제로 시니어는 마케팅 전문가들이 쉬

운 타깃으로 설정하고 자세히 관찰하고 있는 소비자 계층입니다. 여

행업체는 노인을 겨냥해 유람선을 타고 돌아다니는 여행 상품을 개

발하고, 노인이 편안하게 여행할 수 있도록 관광버스를 바꾸기도 합

니다. 그들의 생활방식이나 소비성향에 대한 연구는 헤아릴 수 없이

많습니다. 하위 카테고리로 다시 나누고 유형을 만들어, 일하는 시니

어, 소통을 잘하는 시니어, 즐거움을 찾아다니는 시니어, 집안에 들

어 앉아 있는 시니어, 삶에 대한 자세가 바뀐 시니어 등 온갖 종류의

프로필을 만들기도 합니다. 오늘날 퇴직자는 어느 것 하나 확실하게

예측할 수 없는 상황에서 스스로 삶을 만들어나가는 도전을 하고 있

습니다. 청소년은 공부를, 어른은 일을, 그리고 노인은 하고 싶은 일

을 해야 합니다. "돈은 쓰고 입은 다물어라!" 사회가 그들에게 하고

싶은 말은 이뿐입니다. 결국 노인들은 죽이 되든 밥이 되든 모든 것

을 혼자 해내야 합니다. 어떤 노인들은 소외지역에서 봉사를 하며 사

회에 필수적인 거름 역할을 합니다. 이런 점에서 노인은 다른 계층

사람들과 다르지 않습니다. 유일한 차이점이 있다면 노인에게는 시

간의 자유가 더 많다는 것입니다. 하지만 인적자원이 엄청나게 낭비

되고 있는 것은 사실입니다.

대접받지 못하는 '시니어'

— 그런 황금 연령의 가치가 높지 않다는 것은 참 모순입니다. 광고에 드물게 등장하는 할머니(50세 이상으로는 전혀 보이지 않습니다)는 해변에서 한가로이 일광욕을 하거나 잼 같은 상품이나 선전하기에 딱 좋은, 약간은 우스꽝스러운 모습으로 등장합니다. 60세 노인들도 여전히 팔팔한데 사람들은 젊음만 찾을 뿐이지요.

노년층은 지적으로나 문화적으로 평가절하되어 있습니다. 프랑스는 노인 차별이 심각한 수준이라는 것을 인정해야 합니다. 나이가 들었다 하면 어디를 가나 거절당합니다. 노인에 대한 인종 차별이라 할 정도입니다. 프랑수아 피용 총리의 연금개혁에 반대하는 시위자들이 외치던 슬로건이 기억날 겁니다. "우리는 주름살 가득한 선생님을 원하지 않는다!" 마치 젊은 학생과 60대 교사의 대면이 외설이라도 되는 것처럼 말입니다. 우리도 이제는 '노인'이라는 말보다 '시니어'라는 말을 더 많이 사용합니다. "귀머거리를 청각장애인, 청소부를 환경미화원으로 순화해서 부르는 것처럼 노인을 시니어라고 부르는 것이다. 후한 양보를 한 셈이다"라는 레지 드브레의 지적은 옳습니다.*

* Régis Debray, *Le Plam vermeil. Modeste proposition*, Gallimard, 2004.

유대인을 혐오하는 사람들이라도 가끔 착한 유대인을 칭찬하는 것처럼, 프랑스 사회도 좋은 노인의 모습을 보여줍니다. 그러나 광고에 60세 이상의 노인이 등장하려면 겉모습은 40대처럼 보여야 합니다. 광고는 노인을 겨냥하면서도 노인을 전면에 내놓지 않는 것입니다. 실제 의도는 드러내지 않은 채 시니어 시장을 교묘하게 이용하는 거지요.

- 그리고 가정주부를 언급할 때는 항상 50세 미만의 여성만 얘기하지요. 마치 그 이상 나이가 들면 존재마저도 사라지는 것처럼요.

텔레비전이 얼마나 경멸하며 노인을 보여주는지 보십시오. 프랑스에서는 텔레비전 채널수가 늘어나면서 어린이, 항해, 익스트림 스포츠, 요리, 동성애 등 다양한 시청자들을 위한 온갖 채널이 생겨났습니다. 하지만 최근 개국한 300개 채널 중에서 시니어를 위한 채널은 단 한 개도 없습니다. 프랑스의 60세 이상 노인은 20세 미만의 청소년만큼 그 수가 많습니다. 더욱 심각한 것은 공영채널이던 민영채널이던 '노인' 시청자가 많은 것을 재앙으로 생각합니다. 공영방송 책임자들은 항상 "우리는 젊은 시청자를 원한다"고 말합니다. 그리고 그 말을 다들 당연하게 생각합니다. 그들 눈에는 50세 이상 시니어는 아예 존재하지 않는 것입니다. 시니어 시청자는 칙칙하고 광고주를 쫓아버리니까요.

- 사실 텔레비전이 가장 필요한 사람이 노인들 아닙니까?

물론이지요. 텔레비전을 찾는 일은 나이가 들수록 잦아집니다. 서른 살에는 텔레비전 없이 살 수 있다면 텔레비전을 아예 부수는 게 좋습니다. 하지만 70~80세 노인이 되어 활동량과 인간관계가 줄어들면 텔레비전은 노인을 사회와 연결시켜주는 탯줄 역할을 합니다. 사회적 유용성으로 본 텔레비전의 주요 시청자는 우리가 주로 논하고 있는 60세 이상 노인뿐만 아니라 80세 이상의 초고령 노인도 포함합니다. 외로움을 느끼기 시작하며 사람과의 접촉이 줄어드는 노인들 말이지요. 그들에게 텔레비전은 매우 중요합니다.

노인을 무시하는
노인 정부

— 회사에서도 '노인'으로 지내는 것은 쉽지 않습니다.

부조리의 극치죠. 45세가 되면 더 이상 재취업을 위한 직업교육을
받을 수 없습니다. 50세 이상 구직자의 이력서가 들어오면 읽어보지
도 않고 휴지통으로 직행하지요. 노동시장 진입 시기는 길어지는 학
업 기간 때문에 점점 늦어지는데, 노동시장을 떠나는 나이는 점점 빨
라지고 있습니다. 프랑스의 취업기간은 세계에서 가장 짧고 프랑스
기업들은 젊음을 가장 많이 추구합니다. 광고회사는 직원의 평균 연
령이 30세를 넘지 않는다고 자랑하지요. 고용주 중 가장 한심한 것
은 국가입니다. 프랑스전기공사나 프랑스철도공사는 젊은 구직자만
고용하고, 수백만 개에 달하는 공공부문의 일자리는 30세 미만의 구
직자만 따낼 수 있습니다. 거기에는 다 이유가 있습니다. 노인은 사
회에 새로운 부를 가져다줄 수 없으며 사회의 짐이 될 뿐이라는 생
각 때문입니다.

— 결국 늙은 사람들이 부끄러운 것이군요.

그렇습니다. 우리 사회는 젊음을 최고의 가치로 여기고 노화는 숨겨
야 할 저주로 치부합니다. 그러나 그것은 순전히 사회가 만들어낸 표
상입니다. '늙은' 사람들이 아직 '젊다'는 사실을 보지 못하고 있으니

까요. 지금은 모든 기준이 신체 나이가 아니라 정년입니다.

우리 사회는 겉으로 건강해 보이는 것에만 관심을 갖습니다. 진정한 노년이라고 할 수 있는 80세 이상의 초고령 노인은 두려움을 불러일 으키기 때문에 사람들은 그것을 감추려고만 합니다. 하지만 60세 이 상은 인생에서 가장 아름다운 나이입니다. 그런데도 현실을 있는 그 대로 보기를 고집스럽게 거부하고 있습니다.

— 노인들은 사회의 거의 모든 영역에서 소외되고 있습니다. 그러나 노 인이 주인 행세를 하는 정치와 고위직만은 예외입니다. 모순이 아닐 수 없는데요.

사람들은 시니어를 특권을 가진 계층으로 보면서도 생산과 창조에 는 부적절하다며 평가절하합니다. 그러나 정치와 정부에서만은 예외 지요. 30세 미만의 국회의원을 한 번 찾아보십시오. 국회는 70세 이 상 의원들의 무대입니다. 어처구니없는 모순이지요. 젊음을 숭배하 는 노인사회에 살고 있는 우리는 노인을 무시하면서도 노인에게 권 력을 맡깁니다.

돈으로 덮어버린 문제들

— 거기에는 노인들도 한 몫 하지 않습니까? 스스로 늙었다고 말하는 걸 꺼리니까요.

무시당하는 소수가 자긍심을 갖기란 어려운 일이지요. 어렸을 때는 늙었다고 생각하는 나이를 아주 어린 나이로 잡지만 늙었을 때는 그 나이를 아주 높이 잡는 경향이 있습니다. 60세가 되어 우리가 느끼는 충격은 대단합니다. 나는 젊었다고 생각하는데 다른 사람들이 나를 늙은이 취급하니까요. 연금을 인상하면서 그 대가로 우리 정부는 시니어의 가치를 떨어뜨렸습니다. 그것은 세대간의 평화를 위해 치러야 할 일종의 대가였죠. "실업 걱정도 없고 생활은 가능한데, 할 일은 없다. 이제는 아무 것에도 상관하지 말라"고 말한 셈입니다. 하지만 시니어는 의사나 와인제조업자, 교사처럼 노조를 형성하지 않습니다. 비조직적인 계층이지요(언제까지 그럴까요?). 그러니 주어진 운명을 받아들일 뿐입니다. 적어도 그 운명이 다시 비참해지지 않을 때까지만 말이지요.

요컨대 직장에서 퇴직은 일찍 하지만 동시에 개인들의 수명은 길어져서 '은퇴'라고 하는 기간이 늘어났습니다. 우리가 논의하고 있는 60대 이상 노인은 10~15년 정도 되는 시기를 건강한 몸으로 살게 되는 것이지요.

따라서 은퇴와 노년은 사실 완전히 다른 것입니다. 은퇴는 보통 58세에 맞이합니다. 노년은 정신적으로나 육체적으로 75세 정도에 다가오고요. 앞으로는 80세 이상으로 올라갈 것입니다. 정년은 생물학적 현실과 맞지 않습니다. 10~15년을 이전과 똑같은 몸 상태, 똑같은 능력을 갖고 살아가게 되고 그 사람들을 모두 국가가 책임진다는 것입니다. 앞으로는 그 수가 크게 늘어날 60대는 아무것도 하지 않으며 돈만 받는 거지요. 이제 노년은 신체 상태가 아니라 지위가 되었습니다. 예를 들어 앙시앵 레짐 하에서 귀족은 법을 어기지 않고는 일을 할 수 없었습니다. 이 모든 이야기가 보여주는 것은 노인의 사회적 참여가 고의로 무시되었다는 것입니다. 문제를 직시하지 않고 돈으로 문제를 덮어버린 것입니다. 이때 바로 나쁜 마법사가 등장하는 것이지요.

8장.
장수 폭탄

시니어를 부양하기 위해 희생을 감수해야 하는 사람들은 노년층 아래의
모든 세대다. 프랑스는 정년을 앞당긴 탓에 미래를 위험에 처하게 했다.
심각한 위기는 이미 예고되어 있었다. 앞으로 얼마 안 있어 장수 폭탄이
터질 테니……

— 어쨌든 시니어에게 주어진 보너스 인생은 문명의 진보라고 할 수 있을 것 같은데요. 또 젊은이들도 언젠가 그 인생을 맛보게 될 테고요. 순서만 기다리면 될 테니까요. 다만 선생님이 말씀하신 나쁜 마법사의 훼방이 걱정입니다.

15년을 더 살 수 있고 그것도 건강한 상태로 보낼 수 있다면 그것은 개인에게는 멋진 선물입니다. 또 사회가 연금을 제공해 생계를 보장할 수 있다면 금상첨화겠지요. "이제는 편히 쉬고 행복해지십시오." 이런 제안을 누가 마다하겠습니까? 개인적으로 봤을 때는 멋지죠. 하지만 사회 전체로 봤을 때는 그것이 지속될 수 없으니 안타까울 뿐이지요. 나쁜 마법사가 버티고 있으니까요. "여러분은 건강과 문화를 누리면서 더 오래 살 수 있는 선물을 받았다. 하지만 거기에는 대가가 있다. 선물의 일부는 여러분 스스로 책임을 져야 한다. 그렇지 않으면 여러분 자식에게 큰 부담이 될 것이다." 전통적인 사회관계가 무너져 상황이 달라진 지금, 시니어의 보너스 인생에 대해 누군가는 경비를 부담해야 하니까요.

— 자세히 설명해주실까요?

보통 사회 갈등이 생기면 그 문제를 해결하기 위해 주주, 노동자, 고용주, 공무원, 농부, 학생 등 서로 다른 구성원들이 서로 타협을 합니다. 그런데 각 그룹은 가능한 큰 파이를 차지하고 싶어 합니다. 누구의 몫을 떼어 누구에게 줄 것인가가 이슈가 되지요. 노사관계에서는 파이를 키우기 위해 기업을 성장시킬 수 있습니다. 하지만 퇴직자의 경우는 그렇게 할 수 없습니다. 돈을 내줄 사람이 같은 노인이 아니라 그 자녀들이니까요. 자녀 등에 업혀서 연금을 타먹는 겁니다. 게다가 자녀들은 말할 권리도 없습니다. 우리의 방임적인 태도에 독설을 퍼붓는 경제학자 미셸 고데가 강조하는 것처럼 미래 세대에게는 대표도 없고 그들의 의견에 귀기울이는 사람도 없습니다. 인구통계학자인 알프레드 소비*도 벌써 십여 년 전에 "우리 아이들이 우리의 연금이다"라고 말했었죠. 그때만 해도 그 말이 무슨 뜻인지 제대로 알지 못했습니다. 그리고 아직까지도 다 이해하지 못했으니

* Alfred Sauvy (1898~1990) 프랑스의 인구통계학자이자 경제학자. 1950년대 초에 소련과 나토 양쪽에 속하지 않는 국가들을 일컫는 '제3세계'라는 용어를 처음으로 사용했다. 제3세계라는 용어는 18세기말 프랑스혁명 시기에 제3계급을 빗댄 말이다. 국립인구통계연구소의 소장으로 인구통계와 관련된 경제전망을 활발히 수행했다.

놀라울 따름이지요.

─ 하지만 그것은 우리가 과거에 가족 내에서 행하던 일 아닙니까? 자식을 낳는 것은 어찌 보면 나중에 부모의 대를 잇고 부모를 봉양하도록 하기 위해서였지요. 자식이 보험이었던 셈입니다.

제3세계에서는 아직도 자녀가 생명보험이나 연금보험의 역할을 합니다. 게다가 그것이 바로 인구폭발이 일어나는 이유 중 하나이기도 하고요. 가난한 사람들은 자식을 많이 낳아야 생계가 보장되지 않을 때 자식의 도움을 받을 수 있습니다.

─ 프랑스에서도 미래 세대가 부모와 조부모를 돕고 경제적 책임을 지는 것이 충격적인 일은 아니지 않습니까?

물론입니다. 경제적 부담을 지고 있는 세대는 어렸을 때 부모의 도

움을 받았고 또 늙으면 자기 자식에게 도움을 받을 테니까요. 하지만 건강하고 아직 능력이 있는 사람이 자식의 도움을 받도록 하는 것이 과연 정상적인 일일까요? 자급자족하는 농장이 있다고 생각해 봅시다. 57세 생일을 맞은 가장이 갑자기 "이제 나이가 됐으니 나는 더 이상 일을 하지 않겠다. 이제는 너희들이 나를 부양해라"라고 선언한다면 어떨까요? "아버지, 우리는 할아버지도 모셔야 하고 아이들도 키워야 합니다. 게다가 아버지도 우리만큼 기력이 있으시잖아요." "아니, 난 그만 두련다. 이제 나도 나이가 됐거든." 아버지의 태도는 어딘가 말이 안 되지 않습니까? 그런데 그런 태도를 우리 사회 전체가 취하고 있습니다. 그것은 도덕적인 문제가 아니라 현실적인 문제입니다. 장기적으로 장수의 파장은 더욱 거세질 것이고 현재 체계는 이 상태로 유지될 수 없을 겁니다. 농장에 사는 부부에게 두 자녀가 있다고 합시다. 가장은 혼자 일을 합니다. 그 부부는 자녀뿐만 아니라 부모나 때로는 조부모까지 부양해야 합니다. 노인이야 받는 입장이니 그런 상황에 아무런 문제없이 적응할 수 있지만 자녀는 그렇지 않습니다. 풀 수 없는 방정식과 같은 상황이지요. 답이 없다면 갈등이 커질 수밖에 없습니다. 우리는 세대간 전쟁으로 치닫고 있습니다.

짓이겨진 청년 세대

시니어의 등장이 낳은 가장 큰 파급 효과는 다음 세대가 무거운 짐

에 눌려 짓이겨질 것이라는 점이지요. 앞으로 어떤 일이 일어날까요?

노동시장에 진입할 25세 젊은이들을 예로 들어봅시다. 우리가 진 빚을 젊은이들이 갚기 시작합니다. 그 비용은 매년 소득세와 맞먹습니다. 이 상황이 앞으로 점점 더 심각해지리라는 것을 우리는 알고 있습니다. 프랑스가 전쟁을 겪은 것도 아니고 위기를 겪은 것도 아닙니다. 또 사회기반시설 비용 때문에 적자가 났다고 정당화할 수 있는 것도 아닙니다. 그러나 와인을 일단 땄으면 먹어야죠. 고령화로 인한 물리적 영향 때문에 젊은이들은 비용을 치르게 됩니다. 적자는 GDP의 3퍼센트에 해당합니다. 고령화로 인한 연금 증가로 4퍼센트 포인트가 추가로 증가할 겁니다. 그것이 다가 아닙니다. 고령화로 인한 의료비용도 크게 증가합니다. 특히 신경퇴행성질환, 당뇨, 알츠하이머병, 파킨슨병 등 장기적 치료를 요하는 질병 때문입니다. 효도가 미덕이기는 하지만 자녀의 숨통까지 조여서야 되겠습니까?

— 젊은이들이 25세부터 58세까지 직장생활 기간이 짧기 때문에 경제적으로 이런 짐을 지기가 훨씬 버거울 텐데요.

이런 상태가 계속된다면 단순한 긴장 수준이 아니라 세대 단절이 일어날 겁니다. 세계화가 보편화되고 특히 연기금을 비롯한 금융 강자가 기업을 지배하다보니 노동조건은 어디나 열악하고 힘들어집니다. 임금노동자는 다른 나라 퇴직자가 소유한 자본의 수익을 만들어주기 위해 힘들게 일해야 할 것입니다. 요컨대 미래 세대는 자녀의 교육비, 부모의 퇴직연금, 조부모의 적지 않은 의료지출, 부모 세대가

갚지 못한 빚, 거기에다가 해외 주주들의 연금까지 부담해야 합니다. 그러려면 미친 듯이 일을 해야 하겠지요. 견디기 힘든 제약을 견뎌가며, 자기 자식에게 이런 짐을 떠넘길 시간이 빨리 다가오기만 기다리면서 말입니다. 참 어이없지 않습니까?

— 지금까지 알아본 개인적 장수는 장밋빛이라고 생각했는데 다시 생각해보니 고통스러운 세대간 갈등에 언제라도 터질 수 있는 폭탄이었네요.

경제활동을 하는 세대와 퇴직한 세대간의 이익 충돌은 분명 발생할 겁니다. 긴장이 쌓이다가 더 이상 참을 수 없는 때가 오겠지요. 더 비관적인 것은 고령화의 피할 수 없는 결과가 경제성장률의 감소라는 것입니다. 현재 2퍼센트 정도인 프랑스의 경제성장률은 20년 뒤에는 1퍼센트 정도로 줄어들 것입니다. 또 공무원 연금 재원이 마련돼 있지 않고, 건강보험과 노령연금도 천문학적인 적자에 시달리고 있습니다.

맞지 않는 계산식

— 앞으로 시니어로 지내게 되는 기간이 늘어나면 연금을 지불해야 할 기간도 길어지겠지요.

그렇습니다. 의학의 발달로 90세가 되어야 진정한 노년이 시작되고 수명이 100세까지 늘어난다면 말입니다. 모든 사람이 58세부터 100세까지 연금을 받는다는 사실을 상상할 수 있을까요? 그것을 감당하려면 얼마나 생산성을 증가시켜야 하고 얼마나 많은 경제 성장을 이뤄내야 하는지 가늠하고 있을까요? 그런 시스템은 작동할 수가 없다는 것을 우리 모두는 잘 알고 있습니다. 현재 상황으로 지속된다면, 다시 말해 건강한 노인의 경제적 부담을 일하는 젊은 세대에게 맡긴다면, 다시 한 번 강조하지만 우리는 폭탄을 맞게 될 겁니다.

— 두 번째 마법사는 참 무섭군요.

그럴 겁니다. 우리의 불평을 잠재우기 위해 나쁜 마법사는 다시 말하겠지요. "몇 년을 더 살 수 있게 해주었지만 그 기간을 자녀에게 책임 지라고 한 적은 없다. 그런 실수를 계속하면 사회가 무너질 것이다. 잘 유지되던 세대간 연대가 진정시킬 수 없는 갈등의 원인으로 변질될 것이다."

— 사람들이 나쁜 마법사의 메시지에 귀를 기울여야 할 텐데 오늘날의 상황은 그렇지 않습니다. 말씀하신 것처럼 재앙과 같은 정책을 낳은 비겁함이 지금도 계속되고 있는 것 같습니다.

지도자도 국민도 시니어와 함께 저지른 실수를 깨닫지 못하고 있습니다. 10~15년의 보너스 삶은 은퇴가 아니라 생산적인 활동에 할애되어야 합니다. 이 기간 동안 우리는 기본적으로 생계를 유지할 수 있어야 합니다. 이 원칙을 받아들이지 않고 사회투쟁의 승리, 당연한 기득권을 말하며 눈 가리고 아웅 하는 식이라면 문제를 해결할 수 없습니다. 그리고 이 자명한 사실을 힘들지만 받아들여야만 한다면 그 결과도 받아들여야 합니다. 그 과정은 아주 복잡하고도 매우 힘든 일이 될 것입니다. 대부분의 연구들이 그런 방향으로 나아가고 있지만 실수의 기원까지 거슬러 올라가지는 않습니다. 과거를 이렇게 저렇게 해석하는 것은 사실 중요하지 않습니다. 현재에 대해 동일한 진단과 미래에 대한 동일한 전망만 나오니까요. 정년, 그리고 연금과 분담금의 비율에 문제를 제기하지 않는 한, 세대간에 지속가능한 균형을 유지하는 것은 불가능합니다. 우리는 4 곱하기 20이라는 계산식에서 출발했습니다. 80세까지 산다고 생각하고 첫 20년은 우리를 교육시키는 사회에 빚을 내어 보냅니다. 그 빚을 다음 20년 동안 일을 하면서 갚습니다. 40~60세까지는 채권자가 되고 나머지 20년 동안 그 돈을 받으며 살아가는 것이죠. 그러나 이 방정식은 이미 풀기가 불가능해졌습니다. 늦은 취업과 조기 퇴직, 갚아야 할 빚, 수명 연장과 낮은 출생률까지 생각하면 예전과 같은 조건은 하나도 없습니다. 셈을 다시 해야만 합니다.

미래 세대를 담보로

아무래도 그런 도전을 이겨내는 데 많은 어려움을 겪을 것 같습니다. 사회의 대의를 위해 행동한다고 주장하는 수많은 노동조합에 정치인들이 안 된다고 말할 용기가 절대적으로 필요할 테니까요.

나약한 정치인들이 대중 선동에 빠져들고 말았습니다. 지도자들이 권력을 차지하려면, 권력을 제대로 행사하지만 않으면 됩니다. '위기가 눈앞에 보여도 나만 살면 그만이다'라는 식인 거죠. 위기를 언급하는 정치인은 다음 선거에 승리하기 힘들어지기 마련입니다. 유권자를 불쾌하게 하는 발언은 하지 말아야 한다는 생각이 확고하게 자리를 잡았어요. 게다가 개혁을 공짜 선물처럼, 치료를 달콤한 사탕이나 되는 것처럼 약속하는 정치인이나 정당이 항상 존재하기 때문에, 우리는 진실을 듣기가 쉽지 않습니다. 또 정치인은 진실을 숨기려고 항상 여론 뒤에 숨곤 하지요. 하지만 국민에게 사실을 알려야 하는 책임은 정치인에게 있습니다. 그 반대는 아닙니다. 사람들은 현재 사회가 돌아가는 모습은 지켜볼 수 있지만, 미래에 대해서는 미래를 연구했어야 할 지도자에게 그 책임을 물어야 합니다. 하지만 국민이 대통령에게 "수명이 늘어나고 있는데 정년을 앞당기는 일이 합리적일까요?"라고 묻는 게 쉽지는 않습니다. 정부에서 먼저 문제를 확인하고 대안을 물어야 하죠. 가능한 것과 불가능한 것의 한계를 정하는 것은 지도층의 몫입니다.

― 하지만 일부에서는 우려를 나타내기 시작했습니다.

그렇습니다. 어릴 때 일을 하지 않고 보낸 25년, 그 뒤 일을 하는 35년, 건강한 퇴직자의 은퇴생활 25년. 실수를 찾아보십시오. 하지만 사람들은 거기에 대해 말하는 것을 꺼립니다. 미셸 고데, 레지 드브레, 로베르 로슈포르 등이 쓴 선견지명이 담긴 책들과 수많은 보고서들이 이미 경고를 했는데도 말입니다.

― 좌파도 우파도 입을 다물고 있지요. 노조도 대부분 현실을 감추고 싶어합니다.

이유는 두 가지입니다. 우선 60세 정년이 사회적 투쟁의 결과라고 생각하면서, 그것이 고용주나 '대부호'에게서 얻어낸 것이 아니라 발언권이 없었던 미래 세대에게서 얻어낸 것이라는 사실을 인정하지 않기 때문입니다. 후손을 상대로 어떻게 사회적 투쟁을 승리로 이끌 수 있습니까? 또 다른 이유는 프랑스에서 '기득권'이라는 개념을 중시하기 때문입니다. 기득권이란 표현의 자유, 이동의 자유, 양심의 자유와 같이 근본적인 발전이 있을 때에만 중요하고 정당한 개념이 될 수 있습니다. 경제와 인구를 말할 때 '기득권'을 논하는 것은 말이 안 됩니다. 퇴직제도가 마련되었을 당시에는 퇴직자 1명에 경제활동인구가 5명이나 있었습니다. 그러나 지금은 경제활동인구 2명이 퇴직자 1명을 먹여 살려야 합니다. 앞으로는 그 비율이 1:1로 줄어들 것이고요. 이런 상황에서 '기득권'이라는 말을 꺼낸다는 것은 말도 안 되지요. 타이타닉 호의 승객들은 배를 탈 권리를 얻었죠. 하지만 난파될 때에는 그 권리를 포기하고 구명보트에 자리를 얻으려 애쓰지 않았습니까?

장밋빛 환상은
모든 것을 해결한다

– 하지만 많은 사람들이 이제는 58세 정년, 그 이후 연금 수령을 당연한 권리로 생각하고 있습니다. 다시 예전으로 돌아가는 것은 힘들어 보입니다.

그것을 사회적 투쟁이라는 각도에서만 보면 문제를 해결하지 못하겠지요. 1995년의 상황이 그것을 잘 증명해보였습니다. 철도 노동자의 정년을 53세로 낮추겠다는 소식은 충격으로 받아들여졌습니다. 유럽 다른 나라의 철도 노동자들은 10년을 더 일하니까요. 또 그들은 증기를 내뿜는 괴물 같은 기관차를 운전하는 것도 아니고요. 개혁이 필요했지만 좌파는 타협하지 않았습니다. 노동조합은 국민의 큰 지지를 받았기 때문에 쥐페 총리의 정년 단축을 통과시킬 수 있었습니다. 이것이 갈등이 주는 진정한 교훈입니다. 프랑스 국민들은 그것이 전통적인 요구라고만 생각했고 늘 그렇듯이 파업에 동조했습니다. 게다가 집에 들어가 잠을 자지 못하는 철도 노동자의 열악한 노동조건을 크게 강조했던 것도 사실입니다. 매일 밤 자정까지 손님들을 맞는 레스토랑 직원들의 노동조건은 생각하지 않고 말이지요.

— 철도 노동자는 노조운동의 신화 같은 존재이지만 레스토랑 직원은 그렇지 않으니까요.

그것이 비극입니다. 벽에 비친 그림자와 현실을 구분하지 못하는 플라톤의 동굴인 것이죠. 사상가들은 19세기에 만들어진 표상만 가지고 사회를 봅니다. 문제는 그들이 그런 관점을 강요한다는 것이죠. 그래서 프랑스철도공사의 기관사들이 버스운전사보다 더 존경받고 더 대우를 받는 것입니다. 그러나 복잡한 파리 시내와 위험한 교외 지역에서 버스를 운전하는 것이 철도 위에서 지하철을 운전하는 것보다 더 힘들고, 어렵고, 위험한 일이라는 것을 우리는 잘 알고 있습니다. 게다가 지하철 운행은 자동화할 수 있어도 버스 운전은 자동화하기가 쉽지 않을 겁니다. 그렇다면 왜 버스운전사보다 지하철 기관사를 더 중요하게 생각하는 것일까요? 그것은 단순히 역사적 이유에서입니다. 버스는 말을 대신하게 되었고 운전사는 천하게 취급되었던 마부를 대신하게 되었기 때문이지요. 반면 기차는 철도라는 영광스러운 기술을 이용해서 지구의 내장 속을 돌아다니게 되었습니다. 훌륭한 기술적 성과였던 것이지요. 기관사는 광부의 영웅주의와 철도 노동자의 용기를 합쳐놓은 상징이었습니다. 100년이 지난 지금도 그 이미지는 여전히 남아있습니다. 우리의 복지 정책은 국민의 현실과는 동떨어진 신화에만 기반을 두고 있는 셈입니다.

— 알랭 쥐페 총리가 실패한 뒤 리오넬 조스팽 총리가 그 뒤를 이었는데요. 위기가 곧 닥치리라고 경고한 보고서들이 있었다고요.

5년이라는 안정된 권력을 누릴 수 있었던 리오넬 조스팽 총리는 수북이 쌓인 보고서가 있는데도 다시 보고서를 요청했습니다. 그것이 샤르팽 보고서입니다. 이 훌륭한 보고서는 아무것도 하지 않으면 곧 위기가 닥치니 하루 빨리 서둘러 대책을 마련해야한다고 조언했습니다. 총리는 서둘러 퇴직연금관측기구를 개설하고(거기에 화를 낸 사람은 없었습니다)더 자세한 보고서를 주문했습니다. 르네 틸라드의 무책임한 지휘 아래 작성된 보고서는 퇴직연금을 유지할 기적 같은 해법을 제시했지요. 기존의 체계는 그대로 유지하고 프랑스 경제가 앞으로 크게 성장한다고 발표하기만 하면 된다는 것이었습니다. 조스팽 정부는 다른 의견은 들어보지도 않고 아무것도 하지 말라는 명령을 충실히 따랐습니다.

— 문제를 해결하려면 전망만 바꾸면 된다는 식이로군요. 아니면 적어
도 다음 정부에 문제를 떠넘겨버리던가요.

1970년대 말에 에너지정책위원회에 참여했던 생각이 납니다. 노조
와 주요 기관의 대표들이 함께 참여했었지요. 첫 회의에서 관련 부처
에서 작성한 향후 15년 간 경제성장률 전망 보고서를 나눠주더군요.
그것을 기준으로 프랑스의 에너지 수요를 결정하라는 것이었습니다.
그러자 노조는 토론을 거부했습니다. 10년 뒤 실업률이 여전히 높을
것이라고 적혀 있었기 때문입니다. 실업이라는 현실을 '체념'으로 받
아들이고 싶지 않았던 것이지요.

— 그래서 어떻게 되었습니까?

황당한 성장률을 가정해서 자동적으로 실업률이 줄어들 것이라는
보고서가 새로 작성되었습니다. 노조가 만족하자 다시 토론이 이어
질 수 있었지요. 프랑스전기공사가 매우 기뻐했습니다. 과도한 원자
력발전소 개발을 정당화할 수 있었으니까요. 프랑스에서는 모든 것
이 이런 식입니다. 경제 성장이라는 기적의 바람이 프랑스에 불 것
이고 그러면 실업과 연금 지불 등 모든 문제가 해결될 것이라고 보
는 것이지요.

— 현실 부정이 널리 퍼져있네요. 노조나 정치인이 현실을 인식하지 못
하면 누가 이 일을 할 수 있을까요

실제로 일이 벌어진 다음에야 알게 될 것입니다. 재정 불균형 때문에
어쩔 수 없이 대책을 세우고 행동에 나설 것입니다. 연금을 대폭 줄

이던가, 아니면 노동자가 감당할 수 없을 정도로 세금을 많이 걷던가, 또는 정년을 늦추는 합리적인 방안을 찾겠지요.

지금 프랑스 모델을 믿는 나라가 어딨습니까

— 인구 데이터를 고려하지 않고 노년이나 은퇴 문제에 접근할 수는 없습니다. 시니어의 수는 계속 증가할 테니까요. 프랑스의 상황이 세계에서 가장 심각하지 않습니까?

인구가 고령화되는 원인에는 두 가지가 있습니다. 첫 번째 원인은 우리가 더 오래 산다는 점입니다. 평균 나이의 프랑스인이면 이제는 머리가 희끗희끗하지요. 1975년 프랑스 국민의 평균 연령은 32세였지만 오늘날에는 38세까지 올라갔습니다. 그리고 2025년이 되면 43세까지 치솟을 겁니다. 이것은 세계적인 현상입니다. 2025년 이탈리아 국민의 평균 연령은 51세나 될 것이고, 독일은 48세, 한국은 43세, 한 자녀 정책을 고수하는 중국은 46세를 기록할 겁니다. 반면 미국은 이민 인구 덕분에 39세, 브라질은 높은 출산율로 34세에 머물 겁니다. 두 번째 원인은 아이를 적게 낳는다는 점입니다. 다행히도 프랑스는 독일, 이탈리아, 스페인보다는 출산율이 높습니다. 프랑스의 출산율은 1.89퍼센트이고 이탈리아와 스페인의 출산율은 1.3퍼센트입니다. 알프레드 소비의 말을 기억합시다. "우리 아이들이 우리의 연금이다." 그런 관점에서 보면 프랑스의 입지가 불리한 것만은 아닙니다. 그리고 이것은 프랑스에서만 나타나는 문제가 아닙니다. 민주적으로 진보하는 나라에서는 어디서나 나타나는 일반적인 결과라는 것이지요. 프랑스는 이웃국가에 비해 출산율이 높지만 조기 퇴직에서는 챔피언의 자리를 지키고 있어 그 장점을 살리지 못했습니다.

― 고령화를 겪고 있는 다른 나라도 우리와 똑같은 실수를 저지르지 않았을까요?

우리만큼은 아닙니다. 다른 국가에서는 오히려 과거로 회귀하고 있습니다. 모든 나라에서 정년이 늦춰지고 있지요. 일본에서는 적어도 65세까지 일하고 2020년에는 70세 정년, 75세 정년까지 바라봅니다. 영국, 이탈리아, 스페인에서도 65세가 정년입니다. 독일은 그보다 높은 67세, 미국은 65~68세이고요. 스웨덴은 정년의 폭을 61~70세로 정해놓아서 55~65세 남성의 3분의 2가 경제활동을 하고 있습니다. 프랑스는 3분의 1 수준에 불과하지요. 핀란드에서는 모든 노동자가 68세까지 일할 수 있고 그럴 경우 연금이 4분의 1 인상됩니다.

― 과거에는 핀란드의 시니어 고용률이 가장 낮았는데요.

그랬지요. 핀란드는 전 세계에 훈계를 하고 싶어하는 프랑스가 오히려 배워야 할 모범사례입니다. 앞에서 말한 국가들은 상황을 뒤집는 데 모두 성공했습니다. 그 나라들에서는 블루칼라가 퇴직을 일찍 하고 화이트칼라는 늦게 합니다. 프랑스에서는 프랑스중앙은행이 조기 퇴직 제도를 시행하고 있지요. 경험을 그대로 베껴오자는 것이 아니라 교훈을 얻자는 것입니다. 그러나 오히려 프랑스는 아직 겸손해지지 않았습니다. 60세 정년과 주 35시간 노동을 발표하면서 그것이 새로운 사회 진보라고 목청껏 외쳤으니까요. 당시 마르탱 오브리 노동부 장관은 유럽이 프랑스의 본보기를 따를 것이라고 자신했습니다. 그러나 지금 프랑스 모델을 신봉하는 국가가 어디 있습니까?

— 결국 정년을 늦춰야 하는군요. 프랑스에서는 그런 제안이 아직 몰상식으로 받아들여집니다. 그런데 정년을 늦추는 것이 절대적으로 필요하다는 것이죠?

주의해야 할 것이 있습니다. "지금 당장 모든 사람의 정년을 70세로 하자"고 주장하는 사람은 없습니다. 그것은 말도 안 되는 일이지요. 샤르팽 보고서는 분담금과 연금 수준을 현 상태로 유지하려면 2040년에는 적어도 6년 이상 더 일해야 할 것이라고 내다보았습니다. 그러나 오늘부터 시작하자는 것은 아니고, 대안으로 공여금을 높이거나 연금을 낮추는 방법도 생각할 수 있습니다. 어쨌든 더 오래 일해야 하는 것은 맞습니다. 그렇게 되면 분담금 징수 기간을 조절해야겠지요. 프랑수아 피용 총리의 개혁도 그런 방향으로 나아가고 있습니다. 이론적으로는 연금을 적게 받고 더 빨리 퇴직하는 것은 가능한 일입니다. 그러나 실제로는 과반수 이상이 퇴직에 필요한 개월 수를 채우려면 더 오래 일해야 할 것입니다. 모든 사람의 정년이 늦춰질 것이고, 그것이 사회적 퇴보가 아니라 진보를 위해 필요한 일이며, 우리가 더 사는 만큼의 기간을 보완해주리라는 것을 정치인들은 언제쯤이면 사람들에게 설명할 결심을 하게 될까요.

— 장수와 관련된 발전이 한걸음 더 이뤄진다면 더더욱 그렇겠네요.

안타깝게도 우리는 그것이 정치적 선택이 아니라 새로운 노년층의 출현 때문이라는 것을 여전히 거부하고 있습니다. 생명 연장이 진정한 노화와 노동 불능의 상태의 연속이라면 그것은 끔찍한 일일 것입니다. 우리는 탈출구 없는 상황에 갇히게 되는 겁니다. 하지만 실제로는 그렇지 않습니다. 착한 마법사는 우리를 포기하지 않았습니다. 충분히 활동을 할 수 있는 상태에서 더 오래 살 수 있도록 해주었으니까요. 그러니 어리석게 생각하지 맙시다. 시간과 활력을 덤으로 얻었다면 자식에게 부양의 짐을 맡길 것이 아니라 스스로 생계를 책임질 줄 알아야 합니다. 최근 '노인 고용 증가'라는 말도 들리지 않습니까? 그것은 떼어놓기 어려운 첫 발걸음과 같습니다. 결국 우리는 65세에 퇴직해야 할 것을 60세에 하도록 조금씩 노력해나가고 있는 것입니다. 경제학자 로베르 로슈포르는 그의 저서 《60세 정년?⁎》에 물음표를 덧붙였습니다. 현명하고 신중한 선택이었지요. 하지만 저는 의문문을 미래로 바꿀 수 있다고 생각합니다.

⁎ Robert Rochefort, *La Retraite à 70 ams?*, Belin, 2004.

9장.
제2의 직업

왜 노동을 불행이라고 하는 것일까? 장수라는 폭탄을 해체하기 위해서
는 상식적인 사고와 경제 활동 재개가 필요하다. 우리는 더 오래 살게 되
겠지만 일도 더 오래 해야 한다. 그리고 그것은 행복과 양립 불가능한 것
이 아니다.

– 이야기를 듣다보면 피할 수 없는 결론에 도달하게 됩니다. 결국 수십
년 전부터 이행되어 온 프랑스의 소위 복지정책이라고 하는 것을 전
복시켜야 한다는 것입니다. 우리가 덤으로 삶을 더 산다는 것이 활력
을 늘려준다면 더 오래 일해야 한다는 것도 받아들여야 한다는 것이
죠. 그러나 정년을 늘리는 것을 받아들이기 쉽지 않을 것 같은데요.

불행을 행운으로 바꾸려면 교육을 해야 합니다. 우선 우리가 용어 사
용에 큰 실수를 저질렀다는 것을 인정합시다. 우리는 보너스 삶을
'은퇴'라는 카테고리에 집어넣었는데, 사실은 '경제활동'에 넣었어야
합니다. 문제를 보다 분명하게 설명해봅시다. 여러분이 새로운 노년
층에 접어들었다고 칩시다. 58세부터 70세까지 몸도 아주 건강해서
일할 수 있는 능력도 충분하고 일할 기회도 있습니다. 여러분은 '늙
은이'도 아니고 생계도 직접 책임지고 있어 자식의 미래를 위험에 빠
뜨리지도 않습니다. 그동안 자식들은 자신들의 자식을 기르고, 집세
를 내고, 스트레스가 날로 늘어가는 회사에서 일을 합니다. 그들은
항상 잘릴 위험에 노출되어 있고 세금 폭탄을 맞으며 이전 세대의
빚을 갚습니다. 그리고 초고령 노인들을 부양합니다. 따라서 여러분
들까지 이 젊은이들에게 짐이 될 수는 없습니다. 진짜 노인이 될 때
까지 기다리십시오.

– 하지만 지금 젊은이들은 58세가 되기를 바라고 있고 "이제 우리 차
례다!"라며 연금을 받아 생활하고 싶어할 겁니다. 또 다른 어려움도

있습니다. 일을 삶의 일부로 보지 않는 젊은이들이 늘어난다는 것이지요. 최대한 빨리 빠져나와야 할 고역으로 보고 있습니다.

그렇다면 이런 문제가 되겠군요. 노동과 행복은 양립할 수 있는가?
노년에도 일을 해야 한다면 그것은 우리가 벌을 받는 것인가? 아니
면 속은 것인가? 혜택에서 제외된 것인가? 그리고 행복을 포기해야
하는 것인가? 이런 비극은 정치적, 사회적 권력층이 노동의 가치를
떨어뜨렸기 때문입니다. 몇십 년 전만 해도 기술 발전 덕분에 노동은
더 흥미롭고 더 풍요로워지리라는 희망이 있었습니다. 진보는 힘들
고 반복적인 노동을 사라지게 만들고, 직업은 의미를 갖고 자아실현
에 기여하며 행복한 삶의 일부가 되리라는 것이었죠. 하지만 이런 희
망은 이제 사라졌습니다.

노동의 가치가 그토록 하락한 이유는 무엇일까요?

간단히 말하면 좌파와 우파의 협공에 밀린 것입니다. 차근차근 알아
봅시다. 1960~70년대에는 노동이 인간을 덜 소외시키도록 하는 기
업모델을 발전시켰다고 좌파쪽 사람들은 주장합니다. 우파는 노동자
의 참여, 업무의 충실도, 결정자에게 부여된 책임감과 자율권을 강조
했습니다. 그렇게 진보를 똑똑하게 이용해서 노동에게 지운 저주를
극복하도록 한 것입니다.

제
2
의
직
업

— 하지만 세계화의 압력이 거세지자 게임의 룰은 바뀌었습니다.

안타깝게도 산업자본주의가 금융자본주의로 교체되었습니다. 그 과정에서 노동자가 모습을 감추었죠. 이제 기업의 궁극적 목표는 단 하나입니다. 수익을 꼭 내야할 뿐만 아니라 수익성을 매년 10퍼센트씩 높인다는 것이었지요. 노동자는 목표를 달성하기 위한 수많은 수단 중 하나에 불과합니다. 수익 경쟁에 따라 적응시키고 이동하고 제거하기도 하는 수단이 되었지요. 그렇게 비인간화된 경제에서 노동에 작은 의미라도 남아 있는 일이 가능할까요? 그런가 하면 전 세계 기업 총수들은 회사 재산의 유용이라고 할 정도로 높은 임금을 받습니다. 그것을 본 직원들은 자괴감을 느끼고 간부급의 사기까지 떨어집니다. 잠깐 있다가 가는 경영인이 몇 년 만에 큰 재산을 모으는데 누구 좋으라고 미친 듯이 일을 하겠습니까? 금융자본주의는 노동의 가치를 나락으로 떨어드려 노동을 부정적인 가치, 거부의 대상으로 전락시켰습니다.

— 좌파에서도 잘 한 것은 없습니다. 과거에는 노동을 칭송하던 좌파도 노동을 평가절하 했습니다.

그렇습니다. 사회적 진보는 노동의 양은 감소시켰지만 질적 가치는 보존했습니다. 그런데 좌파가 그것을 파괴했습니다. 요즘은 가장 좋은 일자리는 가장 적게 일하는 곳입니다. 좌파는 "일을 적게 할수록 행복해진다"는 메시지를 전파하기 위해 여러 가지 정책들을 내놓았습니다. 조기 퇴직과 주당 35시간 근무제가 그것이지요. 주당 35시간 근무제는 노동자의 사기를 크게 꺾는 결과를 낳았습니다. 의미와 흥미를 찾을 수 있었던 노동을 떠나 보내버린 것이지요. 이 정책으로 사람들은 진정한 삶을 여가에서 찾기 시작했습니다. 좌파는 노동을 보다 인간적으로 만들기 위한 개혁을 포기했습니다. 그리고 돌이킬 수 없을 정도로 노동의 비인간적인 측면만 강조했습니다. 노동에는 더 이상 가치가 없습니다. 미국 임금노동자들은 퇴직을 비극으로 여기지만 프랑스에서는 최대한 빨리 일을 그만둘 날만 손꼽아 기다리는 노동자가 태반입니다. 이제는 모든 것이 분명합니다. 사람들은 일하지 않고 살 수 있는 사람이 일하는 사람보다 더 행복하다고 생각하는 것이지요.

우리는 정말 모순의 왕국에 살고 있군요. 노동이 더 편해진 순간에 노동의 가치가 더 떨어졌으니까요.

진보가 노동을 더 편하게 만들 수 있는 수단을 우리에게 제공한 순간에 말입니다. 기계가 사용된 것은 노동자를 육체적으로 힘들게 하던 노동에서 해방시키기 위해서였습니다. 그러나 주주의 이익뿐만 아니라 직원까지 고려하며 경영되던 1960년식 기업은 비용 하나하나를 관리하는('코스트 킬러'라고 합니다)자본화된 기업으로 바뀌었습니다. 자본화된 기업은 항상 더 적은 인력과 수단으로 더 많은 이익을 낼 수 있는 방법에 집착합니다.

— 잘못된 경영 탓이기도 하지요. 사기가 저하된 직원은 기업의 역동성에 도움이 되지 않고, 기업은 마치 고장난 연장을 갖고 경쟁에 뛰어드는 셈이고요. 결국 노동을 또 다른 방법으로 견딜 수 없게 만들었습니다.

오늘날 많은 기업에서 일은 더 힘들고 스트레스는 더 많이 줍니다. 특히 간부급 사원은 더 합니다. 게다가 좌파는 최저임금*을 인상했고 (프랑스의 최저임금은 세계 최고 수준입니다), 그로 인해 고용주는 사람 대신 로봇을 사용하게 되었습니다. 은행에 전화를 걸거나 기차표를 예약하려고 할 때 그걸 가장 잘 알 수 있지요.

> *프랑스의 최저임금(SMIC, Salaire minimum interprofessionnel de croissance)은 2014년 기준 시간당 9.53유로다. 세금을 공제하고 실제 받는 금액은 7.45유로로(약 1만 870원, 1460원/유로). 참고로 2014년 한국의 최저임금은 시간당 5210원이다.

— "1번을 누르세요. 우물정자를 누르세요. 비밀번호를 누르세요. 별표를 누르세요. 잘못 눌렀습니다. 다시 걸어주세요."

그렇습니다. 특히 은행에서는 인간관계를 유지하고 관계를 만들어내던 좋은 일자리가 있었는데, 중국의 위협도 받지 않았으면서, 그것을 모두 없애버리고 자동응답 머신으로 바꿔버렸습니다. 노동 비용을 증가시킨 주 35시간 근무제, 높은 수익성 추구, 경제활동인구에 가해지는 실업의 압력 가중, 기업의 비인간화 등 모든 것이 한 방향으로 흘러가고 있습니다. 이는 끊임없이 스트레스에 시달리는 사람과 짧아진 근무시간으로 휴가를 즐길 수 있게 된 사람으로 프랑스 국민을 양분하는 결과를 낳았습니다. 일을 좋아하는 사람은 일이 없고, 일이 있는 사람은 일을 좋아하지 않습니다. 노동을 있는 그대로 받아들이는 일은 불가능해졌지요. 노동은 힘이 들고 삶에 제약이기도 하지만, 삶을 풍요롭게 만들 수도 있습니다. 분명한 것은 노동이 그렇게 두 가지 측면을 아무에게나 주는 것은 아니라는 겁니다.

— 청년층에서도 이미 노동에 대한 거부감이 나타나고 있습니다. 25세에 벌써 공무원 연금 계산이나 하고 있으니까요.

많은 프랑스 청년들이 일하는 것은 착취당하는 것이고 꼰대가 되는 것으로 받아들입니다. 행복은 일을 그만둘 때 시작된다고 생각하기도 하고요. 그런 생각을 키워가다 보면 직장생활도 엉망이 된다는 걸 깨닫지 못하고 말입니다. 그렇게 생각하면 그만둘 때까지 힘들게 고생하며 억지로 일하게 될거라는 것은 뻔합니다. 그렇게 계속 지낼 수는 없습니다. 노동은 필요한 것입니다. 그러니 그것을 저주로 만드는 일은 하지 맙시다. 그러려면 일의 콘텐츠와 노동 조건뿐만 아니라 보상도 좋아져야 합니다. 노조의 유인물에만 나올 게 아니라 현장에서 느끼는 진정한 어려움이 보상을 받아야 합니다. 그리고 인기가 없는 직종은 얻는 것이 더 많아져야 합니다. 지적 노동보다 육체적 노동에 대한 대우를 지금보다 올리는 것도 괜찮지 않을까요?

일자리는 많은데,
실업률은 높다?

— 이제껏 이야기한 것처럼 새로운 노년층을 다시 일하게 만드는 것 외

에 다른 해법이 없다고 해도 노동이 불행으로 인식되고 있다면 다시 일을 하게 만들기는 어려울 겁니다. 그 위기는 경제적·사회적·문화적인 것이기도 하지만 집단 심리에 기인한 것이기도 하니까요. 노조나 정치인, 좌파나 우파 가릴 것 없이 모든 주체가 위선적인 공감대를 이룬 것이지요. 우리를 이 위기에서 구해주려면 마법사가 여럿 필요하겠는걸요!

상황이 생각처럼 그렇게 복잡한 것은 아닙니다. 경제활동인구는 지금까지 꾸준히 증가했습니다. 1968년에 2150만 명이었던 노동인구는 현재 2650만 명을 기록하고 있습니다. 그러나 2700만 명까지 올라갈 일은 앞으로 없을 겁니다. 2006년부터 퇴직자 수가 노동시장 진입자의 수를 앞섰고, 경제성장률도 가차 없이 감소하고 있으니까요. 미셸 고데가 예견했던 2006년의 위기입니다.[*] 프랑스는 양적인 측면뿐 아니라 질적인 측면에서도 노동력이 부족합니다. 정치적으로 민감한 문제라서 거

[*] Michel Godet, *Le Choc de 2006. Pour une société de projects*, Odile Jacob, 2004.

의 언급되지 않고 있지요. 하지만 고용주들은 필요한 인력의 반을 채우는 데도 어려움을 겪고 있습니다. 그중에는 20퍼센트만 겨우 인력 수급이 된 부문도 있습니다. 건설, 요식업, 영업, 수공업 분야에는 수만 개의 일자리가 있는데도 그 자리를 채울 사람이 없습니다. 앞으로는 외과의사에서 전기 기술자까지 양질의 인력이 부족하게 될 것입니다. 프랑스에서 석공을 구하기 힘들 것이라는 이야기는 영국의 몇몇 베스트셀러 작가들의 유머 주제이기도 합니다. 폴란드인 배관공의 망령을 쫓아내려는 듯 프랑스에 배관공이 모자라지 않을 것이라

고 주장하는 것은 눈먼 노동조합뿐입니다.

─ 인력은 부족한데 실업률은 높으니, 두 문제가 동시에 발생하는 것이
어쩌면 당연하네요.

두 문제는 함께 갑니다. 청년들의 요구 조건과 교육 실태, 그리고 고
용 현실 사이에는 엄청난 간극이 있습니다. 아마 기업이 찾는 인재는
청년층보나 시니어에 더 많을 것입니다. 60세 노인을 고용한다고 해
서 청년층의 실업이 증가하는 것은 아닙니다. 오히려 경제 활동이 많
아져 새로운 일자리를 창출하는 효과가 있을 것입니다.

─ 인력 부족을 이민 노동자로 해결하려고 하는 사람들도 있습니다.

그것은 환상입니다. 이민들 받는다고 해도 교육을 받지 못했거나 가
난 때문에 떠밀려온 노동력을 받게 되겠지요. 교육을 받지 못하고 프
랑스어도 겨우 하는 실업자만 늘어날 뿐입니다. 그러니 프랑스의 경
제 문제를 해결할 리 만무하지요. 또 우리가 찾는 숙련노동자를 데려
올 수도 있습니다만 저는 개인적으로 모로코, 니제르, 세네갈, 터키
에서 엔지니어나 의사를 데려오는 것은 파렴치한 일이라고 생각합
니다. 그들 나라에서도 필요한 인력이니까요. 이민은 프랑스의 문제
를 해결해 줄 방법이 전혀 아닙니다.

─ 그렇다면 해법은 어디에 있을까요?

국내에서 해법을 찾아야 합니다. 그 말은 우리에게 필요한 인력이 계
속 일을 하도록 해주고 노동의 가치를 실질적으로 다시 회복시켜야
한다는 것을 전제로 합니다. 특히 수요가 부족한 직종에서는 말이지
요. 예술가들에게 비정규직 지위를 보장해주는 것도 좋은 일입니다.

건설 직종에도 지원자가 거의 없는 것을 보면 비정규직 지위를 건설 노동자에게 주는 것도 좋을 것입니다.

맞춤형 퇴직

— 시니어들에게 계속 일을 하도록 하기 위해 다른 나라에서는 어떻게 하고 있나요?

핀란드, 스웨덴, 덴마크, 노르웨이는 적극적인 시니어 고용 정책을 펼쳤습니다. 특히 시니어를 고용하는 것이 기업과 직원 모두에게 유리한 조건을 만들었습니다. 더 오래 일하면 연금도 올라갑니다. 뿐만 아니라 시니어의 경력도 재조정했습니다. 예를 들면 교수가 일정한 나이가 되면 젊은 교원을 양성할 수 있습니다. 또 일과 관련된 지식을 업데이트 할 수 있도록 평생직업교육도 마련했습니다. 50세가 넘으면 고집이 세져서 새로운 기술을 배울 수 없다고 말하지 마십시오. 기업 내 노조와 고용주도 업무의 재조직에 매달려야 합니다. 시니어의 고용은 정부의 우선 과제가 되었습니다. 처음 있는 일이지요. 이와 관련된 노조 협의는 우리 사회가 얼마나 경직되어 있는지 다시한 번 증명했습니다. 프랑스의 노동 규정은 매우 상세하게 정리되어 있어 간단한 지침만으로는 실행이 불가능합니다. 규정을 수정하는 것도 생각해야 합니다. 프랑스는 독일의 사회민주당과 같은 협상 기술이 없으니 안타까울 뿐이지요.

— 그렇다면 어떤 방법으로 진행해야 할까요?

지금부터라도 모두 70세까지 일해야 하고, 70세가 되면 바로 은퇴 생활이 시작된다고 선언하지 말아야 합니다. 55세 정년이 필요한 직종도 있습니다. 그보다 오래 일해도 되는 직종도 있고요. 활동이 단계별로 천천히 줄어든다고 생각하면 됩니다. 55~70세 사이의 노동은 이제부터 만들어가야 합니다. 이 시기의 삶이 여가에만 집중되지 않고 풍부한 경험을 쌓을 수 있도록 해줄 수 있을 것입니다. 점진적인 퇴직, 맞춤형 퇴직, 부분적 퇴직 등 다양한 방식을 허용해야 합니다. 기업도 근무시간과 임금이 적은 시니어를 고용해서 시니어가 직장 생활과 은퇴 생활을 조합할 수 있도록 해야 합니다. 그 문제에 고집을 세워서는 안 됩니다. 그러려면 근무연수에 따라 급여를 책정하는 비상식적인 일부터 없애야 합니다. 가장 필요하지 않을 때 가장 많은 돈을 받아가게 만들고, 쇠약해졌을 때 몸값이 가장 비싸지게 만드니까요. 하지만 프랑스에서는 모든 사회혁신에 규정이 선행되어야 하니 안타깝습니다.

─ 원칙은 유연성이군요. 전속력으로 일에 매진하다가 갑자기 그만둔다는 생각은 버려야 한다는 것이죠.

저는 러시아워에만 운행하는 택시, 바쁜 시간이면 모든 창구에서 업무를 볼 수 있도록 행정부서에 파견되는 공무원을 꿈꿉니다. 60세가 넘었을 때 나에게 맞는 일을 내 리듬에 맞춰서 할 수 있게 된다면, 그리고 그것이 나의 은퇴 생활을 풍요롭게 한다면 마다할 이유가 있을까요? 곰곰이 생각해보면 경력을 꾸려갈 방법은 많습니다. 다만 임금 수준이 어느 정도 만족스러워야 하고 수당이 크게 줄어들 것이기 때문에 그것을 보충해줄 이익이 있어야겠지요. 고용주도 60~70대 노동력의 우물에서 물을 길어낼 마음이 있어야 하고요. 상황을 쉽게 풀어가야지 그것을 강요해서는 안 됩니다. 정해진 방법은 없습니다. 60세 정년이라는 실수를 이미 저질렀으니 70세면 모두 은퇴를 해야 한다는 실수를 다시 저지르지 말아야 하지요.

일하는 행복

― 이 모든 것에 선행해야 할 것이 심리적인 것인데요. 노동을 다시 평가해야 한다는 것이지요. 어떻게 하면 될까요?

맞습니다. 노동의 가치를 재건하면 역동성을 되찾고, 실업이 줄어들어 기계가 돌아갈 수 있습니다. 나머지도 따라오고요. 그러니까 더 이상 노동을 저주라고 생각하지 말고 일을 하면서 행복할 수 있도록 노동에 대한 관점을 다시 정립해야 합니다. 이것만 잘 되면 이제는 단순한 작업을 하지 않아도, 또 죽을 정도로 일을 하지 않아도 생산성을 유지할 수 있습니다. 그것이 과제입니다. 노동은 삶의 주요 기능 중 하나입니다. 그 사실을 늘 반복해서 말할 용기가 필요합니다. 경제적 보장을 받으며 퇴직을 누린 사람은 다행이지만 그의 후임들은 그렇지 못할 것입니다. 어떻게 해야 할까요? 60대 노인을 강제 노역시켜야 할까요? 일에 질질 끌려다니며 미간을 잔뜩 찌푸리게 해야 할까요? 무위도식은 행복의 어머니가 아닙니다. 필요한 것을 선택하는 것이 지혜의 시작입니다.

— 하지만 사람들을 설득해야 하는데요.

상황을 역전시키는 데 말만으로는 부족하다는 것을 저도 압니다. 하지만 이제 곧 현실이 우리 눈 앞에서 폭발할지 모릅니다. 레닌이 말했던 것처럼 현실이 곧 혁명이 될 것입니다. 몇 년 안에 우리는 퇴직연금만 가지고는 살 수 없게 됩니다. 그렇게 되면 세대간 전쟁이 일어날 수 있습니다. 노인은 자신의 권리를 끈질기게 지키며 연금을 타기 위해 청년들을 쥐어짜내려고 할 겁니다. 아니면 시니어가 계속 일해야 한다는 사실을 받아들이겠지요. 노력은 확신에서 오는 게 아니라 필요에서 옵니다. 현재의 시스템이 한계에 부딪히면 그런 일이 일어나겠지요.

— 발 밑에 불똥이 떨어져야 정신차리고 대응한다는 말씀입니까?

자동차와 비슷합니다. 우리는 교통사고로 1만 5000명이 목숨을 잃고 나서야 속도를 규제하기 시작했습니다. 자동차의 혜택을 유지하려면 공동체 수준에서 그것을 적용해야 합니다. 자동차처럼 장수도 환상적인 자유를 선사하는 도구이지만 그것은 모든 사람이 그것을 소유할 때만 해당되는 얘기입니다. 일부의 만족이 나머지 사람에게 제약이 되지 않도록 사용법을 반드시 찾아야 합니다. 그리고 이 이야기에는 다른 고려 사항도 있습니다. 경제활동가능인구가 줄고 있기 때문에 일하는 사람 수를 늘려야 합니다. 이민을 통해 해결할 수는 없으므로 프랑스 국내에 있는 노동력을 이용해야지요. 다시 말해 노동을 재창조해야 합니다. 노동조건을 바꾸고 인간과 노동을 화해시켜야 합니다.

— 결국 상식적으로 생각해보자는 것이군요.

네, 맞습니다. 이 모든 것을 받아들이도록 하는 것은 분명 쉽지 않습니다. 하지만 60대 노인이 일을 해야 한다고 말하는 것은 분명 필요한 일입니다. 그들이 일을 하지 않는 것이 비정상입니다. 이 생각이 정착되면 재건할 수 있습니다. 60대가 되어 일하고 있으면 삶을 제대로 누리지 못한다는 생각이 어떻게 머릿속에 들어왔을까요? 그것은 잘못된 생각입니다. 물론 저는 특혜를 받았다는 것을 알고 있습니다. 제가 좋아하는 일을 하기 때문이지요. 하지만 대부분의 사람들도 직장생활을 잘 관리하지 않으면 행복과 양립할 수 없을 것이라고 생각하더군요.

— 우리는 건강하고 맑은 정신으로 일하며 더 오래 살아야 합니다.

그 보너스 삶을 아이들에게 전적으로 의지하지 않고 행복하게 보낼 수 있도록 명철해지는 일은 우리의 몫입니다. 그것은 진보가 우리에게 던진 과제입니다. 이 과제는 스스로 풀어야 합니다. 일을 불행의 원천이 아니라 여러분과 사회를 위한 행복의 밑거름으로 만드십시오. 일하면서 평화로운 은퇴로 천천히 나아가며 행복하게 사는 것이 불가능하지만은 않습니다. 장수의 올바른 사용법을 찾는 것이 그렇게 어렵지 않다고 확신합니다. 보너스 삶은 아름다운 선물입니다. 그것을 사용하고 즐기는 것은 우리의 몫입니다.

도미니크 시모네 : 우리가 지금까지 나눈 대화를 정리하기 전에 먼저 이 책에서 언급한 관점들을 짚고 넘어가야겠습니다. 이 책은, 큰 위기를 맞이하기는 했어도 지구상에서 가장 번영한 사회에 살고 있는 혜택 받은 사람들의 이야기입니다.

조엘 드 로스네 : 우리는 모든 사람에게 적용될 수 있는 모델을 제안하고 싶은 생각은 없습니다. 이 책에서 우리는 앞으로 맞이할 과학적·심리적·경제적·사회적 현상을 기술하고 이를 정부와 개인, 특히 청년들이 고려해주기를 바랐습니다. 인간은 아주 어렸을 때부터 음식, 운동, 위생, 자존감, 타인과의 관계를 통해 장수라는 자본을 구축한다는 사실을 다시 한 번 강조하고 싶습니다.

장 루이 세르방 슈레베르 : 개인이 자각할 수 있도록 일깨우는 것이 가장 중요합니다. 정치는 바꿀 수 없어도 개인은 행동에 나설 수 있으니까요. 남성과 여성이 장수를 동일한 방식으로 경험하는 것은 아닙니다. 여성이 남성보다 오래 살고, 연령층이 올라갈수록 그 차이가 더 두드러집니다. 그러나 현재 그 모습을 드러내고 있는 우리 사회의 위기는 남녀를 가리지 않습니다.

프랑수아 드 클로제 : 우리가 60대를 대표하는 것은 아닙니다. 하지만 바로 그런 이유로 이 책이 정당성을 가질 수 있습니다. 우리 세 사람은 어쩌다보니 살면서 많은 축복을 받았습니다. 좋은 유전자를 갖고 태어났고, 적어도 지금까지는 건강하게 살고 있으며, 열정을 쏟을 수 있는 직업을 가지고 있으니까요. 하지만 우리는 자기만족에 머물지 않습니다. 오히려 그 반대입니다. 우리는 이 책에서 60대에 발견하는 행복(저는 개인적으로 70대도 마찬가지라고 생각합니다)을 다른 사람들도 누릴 수 있어야 한다고 주장합니다. 우리가 가진 행운을 나눠 갖지 못하는 이유는 뭘까요? 우리는 그 원인 중 하나를 해결할 수 있습니다. 그것은 바로 정보 부족입니다. 비만을 예로 들어봅시다. 미국에서는 빈곤층이 비만에 가장 취약한 계층입니다. 그 이유는 단순합니다. 올바른 식생활 무엇인지 들어본 적이 없기 때문입니다. 마찬가지로 많은 사람들이 그들의 '보너스 삶'을 제대로 누리지 못합니다. 그 삶을 어떻게 살아야 하는지 모르기 때문입니다.

장 루이 세르방 슈레베르 : 장수가 일반화되면 구성원들간의 긴장은 더욱 커져서 우리 사회는 분열되기 시작할 것입니다. 과학자로서 저는 새로운 과학적 발견의 활용성이 점점 더 높아질 것이라고 생각합니다. 과학자들은 연구를 멈추지 않을 것입니다. 장수는 21세기 생물학의 가장 큰 관심사입니다. 장수에 관한 지식은 인류에게 꼭 필요한 데이터가 될 것입니다. 프랑스뿐만 아니라 유럽에서 장수의 경제적 · 정치적 · 사회적 쟁점에 대한 광범위한 토론이 벌어져야 할 때가 왔습니다.

죽음을 선택할 수 있는가

도미니크 시모네 : 장수가 대세가 되리라는 사실에 대해서는 모두 동의합니다. 우리는 더 오래, 그리고 더 건강하게 살 것입니다. 그러나 장수의 일반화가 촉발할 사회의 위기는 차치하고, 과연 수명 연장이 개인에게 바람직한 것인지 자문해볼 필요가 있습니다. 언제까지 죽음을 미루어야 할까요?

장 루이 세르방 슈레베르 : 오래 사는 것과 그럴 준비를 하는 것은 인간의 새로운 권리가 되어야 합니다. 하지만 장수는 또한 어쩔 수 없이 죽음에 대한 질문도 던지게 합니다. 언젠가는 삶을 멈추고 싶어할 테니까요. 하지만 누가 그것을 결정할 수 있을까요? 누가 그 일을 실행하게 될까요? 전문기관에 맡기게 될까요? 안락사를 어디까지 허용할 수 있을까요?

프랑수아 드 클로제 : 과학과 의학의 발전이 60대 노인에게 건강한 삶을 허락한 것처럼 80대 노인의 수명도 연장시킬 수 있을 것입니다. 그러나 의약품의 과도한 사용을 동반하겠지요. 일하는 청년 부부를 옥죄어, 아버지의 여행경비를 대라 하고 뇌사 상태에 빠진 할아버지나 증조할아버지의 의료비를 부담하라고 해야겠습니까? 요즘

뇌사 상태에 빠지면 보통 3개월에서 길게는 1년까지 병상에서 보내
다가 죽음을 맞이합니다. 앞으로는 그 기간이 3년까지 늘어나 내장
기관이 하나씩 기능을 잃으면서 천천히 세상을 떠날지도 모릅니다.
2005년에 마련된 존엄사에 관한 법은 의료계 혁명의 시작이라 할 수
있습니다. 개인이 "이제 그만! 나의 생명을 연장하는 것을 더 이상 원
하지 않습니다"라고 말해야 합니다. 이 결정은 오랜 심사숙고를 거쳐
야만 나올 수 있습니다. 힘들고 쇠약한 상태, 혹은 의식이 흐릿한 상
태에서 뒤늦은 결정을 내려서는 안 됩니다. 잘 살아가다가 피할 수
없는 죽음 앞에서 뚜렷한 정신으로 이제 멈추겠다고 결정해야 합니
다. 그 과정에서 매우 다른 두 가지 결정을 내릴 수 있습니다. "더 이
상 생명 연장을 원하지 않는다"라는 것이 첫 번째이고요. 이것은 사
회에서 이미 논의되기 시작했습니다. 하지만 "나는 삶을 멈추기로 결
정했다"라는 입장은 전혀 다른 것입니다.

장 루이 세르방 슈레베르 : 그래서 합리적인 자살이라는 매우 근본적
이면서도 새로운 철학적 문제가 제기됩니다. 누군가의 죽음이 우리
를 충격에 빠뜨리는 이유는 무엇입니까? 자신의 의도와는 다르게 죽
음을 맞이했기 때문입니다. 젊은 사람의 죽음은 늘 충격입니다. 몸이
아주 쇠약해진 노인의 죽음은 정상적인 죽음이라 생각하고 더 쉽게
받아들입니다. 그러나 지금 우리는 새로운 딜레마에 부딪혔습니다.
건강하고 정신도 멀쩡한데 앞으로 나 자신에게나 주위 사람들에게
힘든 상황이 벌어지기 전에 이제 그만 멈추고 싶다는 생각 말입니다.
이런 극기는 요즘 사람들의 생각뿐만 아니라 인간의 내면 깊이 숨어

있는 본능과도 맞지 않는 이야기 입니다. 그 질문에 대한 답은 각 개인에 따라 다를 수밖에 없습니다.

점점 늦어지는 노화

도미니크 시모네 : 이 책을 시작할 무렵 이런 얘기를 했었지요. 몇몇 선견지명이 있는 사람을 제외하면 사람들은 불멸을 진심으로 믿지 않는다고요. 그리고 우리 모두 언젠가는 사라질 것이라는 생각을 싫든 좋든 받아들인다고도 했습니다. 하지만 우리는 노화의 종말이라는 또 다른 유토피아를 만들고 있는 것은 아닐까요? 몸이 쇠약해지는 것을 거부하고, 젊음을 가져다줄 불로초를 꿈꾸고 있으니까요. 영원한 젊음을 얻으려 하기 보다는 죽을 때까지 젊음이 유지되기를 바라는 것이지요. 죽는 것은 확실하지만, 젊게 그리고 건강하게 죽겠다는 것입니다.

장 루이 세르방 슈레베르 : 노화 전문가들은 그런 현상을 '압축된 죽음', '노화 지연', 심지어는 '노화 중지'라고까지 말합니다. 앞으로는 전체 인구의 90퍼센트가 90세까지 살게 될 겁니다. 통계를 내보면 인구 고령화로 인해 인구곡선은 '정사각형'을 그리게 됩니다. 그 다음에는 비교적 짧은 시간에 꽤 빨리, 그리고 사회에 크게 부담되지 않는 조건에서 사망하게 됩니다. 현재 60세 이상 노인은 전체 의료비 지출의 절반 가까이 차지하고, 그중 많은 부분이 죽기 직전 마지막 3년 동안 지출됩니다. 우리가 풀어야 할 숙제는 노인이 사회에 부가가치를 창출할 수 있도록 길을 마련해야 한다는 것입니다. 노인은 경험과 능력, 지혜, 사건을 상황에 비추어 볼 수 있는 능력, 과거에 비추어 우리의 현실을 바라볼 수 있는 능력을 갖추었습니다. 지금처럼 노인을 노동시장에서 제외시킬 것이 아니라 오히려 편입시켜야 합니다. 뿌리를 자르면 미래를 발명할 수도 창조할 수도 없습니다.

프랑수아 드 클로제 : 과학의 놀라운 발전으로 우리는 인공 기관을 비롯한 온갖 기구의 도움을 받아 몇 달이나 몇 년까지 생명을 연장시킵니다. 그러다 보니 우리도 알지도 못한 사이에 의료 소비의 권리뿐만 아니라 의무도 갖게 되었습니다. 치료를 받아야 하고, 수술을 받아야 하고, 건강도 유지해야 합니다. 그런 논리라면 아예 의학이 우리의 생명을 연장시켜줘야 한다고 당당하게 요구하게 될 것입니다. 그래서 더욱 존엄하게 죽을 권리는 진정한 문화 혁명을 전제로합니다. 뇌사 상태인 환자가 생명을 유지할 수 있다는 사실이 알려지자 중환자실에는 오히려 환자 수가 줄어든 적도 있습니다. 그렇게 생명을 유지해보았자 아무런 의미도 없다는 것을 깨달은 것이지요.

조엘 드 로스네 : 결국 어디에 투자할 지 결정하는 것이 중요합니다. 〈건강염려증에 걸린 노인의 나라〉라는 글에서 보건복지부 종합병원국장을 지냈던 장 드 케르바두에도 그렇게 말했지요. 교육에 미리 투자해야 하고, 조화로운 생활방식을 갖도록 가르쳐야 한다고요. 특히 부모, 그중에서도 제대로 교육 받은 여성의 조언과 사례를 본받아서요. 결국 우리가 이 책에서 '바이오노미'라고 불렀던 것을 고려하는 것이지요. 그것은 삶

* Jean de Kervasdoué, "une nation d'hy-pocondriaques vieillissants", *Le Monde*, 12/19/2004.

의 마지막 시기에 약을 사느라 수십 억 유로가 지출되는 일만큼 중요합니다.

장 루이 세르방 슈레베르 : 교육은 가정과 학교, 특히 초등학교에서 시작해야지요. 몸을 관리하는 것, 자신의 이미지, 다른 사람의 시선, 소통의 필요성, 생활방식을 손쉽게 향상시킬 수 있는 간단하면서도 비용이 많이 들지 않는 규칙을 아이들에게 가르쳐야 합니다. 건강한 식생활이 나쁜 식생활보다 돈이 더 많이 드는 것도 아닙니다. 채소나 닭이 금값인 것은 아니니까요. 운동은 돈 들이지 않고 누구나 할 수 있습니다. 몸을 건강하게 유지하면 약도 덜 먹게 되겠지요. 매일의 습관과 행동을 고쳐야 잘 살고 잘 늙는 법을 배울 수 있습니다. 자신의 삶에 대해, 다시 말해 자신의 죽음에 대해서 생각할 줄 아는 개인을 양성해야 합니다.

조엘 드 로스네 : 앞에서도 얘기했지만 삶은 장기적으로 운영해야 합니다. 현대인은 '시간이 없습니다'를 입에 달고 삽니다. 하지만 그 누구도 시간을 '소유'하지 않습니다. 오히려 나에게 시간을 들일 수 있다는 사실을 깨달아 시간이라는 자산을 모아 '투자'를 해야 합니다. 시간을 순서대로, 그러나 무질서하게 나열하는 것이 아니라 중요한 시간에 먼저 투자하고 거기에서 소득을 끌어내야합니다. 우선순위를 정하고, 우리에게 가치 있는 시기와 활동을 더 중요하게 생각하는 것이 방법입니다. 우리는 인생을 완성해야 할 작품으로 생각해야 합니다.

도미니크 시모네 : 우리는 경험과 이야기를 가진 노인들의 사회로 나아가고 있습니다. 하지만 그것이 우리의 생활방식에 미칠 영향을 완전히 파악하지는 못했습니다. 부부를 예로 들어 봅시다. 두 사람이 80년 동안 함께 산다는 것은 상상하기 어렵습니다. 지금도 이혼이 많으니 더더욱 그렇겠지요. 따라서 가족은 보다 다양한 형태가 될 가능성이 높습니다. 해체되고 분해되면서 다시 재구성되는 것이지요. 또 혈연관계도 흐릿해질 것입니다. 장수는 우리가 살아가는 방식과 사랑하는 방식을 분명 바꾸어놓을 것입니다. 장수하기 위해 값비싼 대가도 마다하지 않는 부자 노인과 그럴 형편이 되지 않는 가난한 노인 간의 사회적 균열이 생길 가능성도 있습니다. 더 나아가 세대 간 갈등도 일어날 수 있고요(프랑스에서 60세 이상 노인 인구가 20세 이하 인구보다 많아질 날이 얼마 남지 않았습니다). 요즘 창궐하고 있는 젊음숭배주의가 끝나고 시니어의 독재가 시작될 수도 있습니다.

조엘 드 로스네 : 선진국에서는 돈 많고 권력을 지닌 채 변화에 저항하며 자신들의 재산과 이익에만 몰두하는 부자 노인과, 인공물로 '노화가 정지된' 상태에 머무는 '전형적인' 노인, 그리고 경제적 부담에 허리가 휘면서도 영향력은 갈수록 줄어드는 젊은이 사이에 분열이 일어날 수도 있습니다. 그렇게 되면 미국의 도발적인 한 언론인[29]이 예견했듯이 '사망 부족'이라는 상황을 맞이할 수 있습니다. 그렇게 되면 노인들은 나이가 들면서 점점 더 부자가 됩니다. 아주 오래 전부터 돈을 투자했고

[29] Charles C. Mann, "The coming death shortage", *The Atlantic Monthly*, May 2005, pp.92-102.

권력도 오랫동안 잡고 있었으니까요. 어쩌면 고령화의 짐이 상대적으로 적은 개발도상국이 미래 사회의 혁신적이고 창조적인 국가가 될지도 모르겠습니다.

프랑수아 드 클로제 : 우리가 쌓이도록 내버려두고 있는 폭탄 중에는 25~58세 청장년층이 벌고 0~25세와 58~100세 인구가 쓰는 돈 문제가 있습니다. 그리고 그보다 파괴적인 폭탄은 바로 권력 문제입니다. 정치 권력은 시간이 있는 사람들이 갖고 있습니다. 그래서 현재 공무원들의 손에 넘어가 있죠. 하지만 앞으로는 아무 할 일이 없고 경제활동인구를 쥐어짜는 퇴직노인들이 그 권력을 차지하게 될 것입니다. 따라서 이 문제를 상세히 검토하고, 인구 사정이 전혀 달랐던 그 옛날에 취했던 정책들을 다시 한 번 살펴볼 필요가 있습니다. 또 다가올 현실을 생각하여 모든 것을 재고할 필요도 있습니다.

조엘 드 로스네 : 하지만 저는 프랑스가 이 모든 중요한 문제들에 감정적·본능적으로 대응하는 것 같습니다. 그것이 사람들의 불행으로 나타나고 있습니다. 징후는 많습니다. 약물과 술의 대량소비, 젊은 이들의 마약 사용, 난폭한 자동차 운전, 반려동물에 대한 집착 등이지요. 이것은 벌써 경제활동을 시작할 때, 계속할 때, 그리고 끝낼 때 갑작스러운 위기로 나타납니다. 교육의 위기, 사회보장제도의 위기, 보험료는 많아지고 환급비는 적어지는 건강보험의 위기, 은퇴와 노년의 위기가 그것입니다. 여기에 네 번째 위기가 더해지는데, 그것은 바로 미래의 위기입니다. 현재의 삶과 두려운 미래를 위한 계획 사이의 간격이 점점 벌어지는 것입니다. 과학이나 기술의 측면에서 보면

미래는 실제로 많은 사람들에게 두려움을 심어줍니다. 이 책에서 우리가 논한 '장수 폭탄'은 그러한 존재론적 위기의 한 단면이거나 증거일 것입니다.

위기는 필요하다

프랑수아 드 클로제 : 선거에 나타나는 양상에 대해서도 말씀드리고 싶습니다. 30년 전부터 프랑스에서 대선에 이기는 유일한 방법은 현직 대통령이거나 현직 대통령이라도 동거정부를 구성하지만 않으면 됩니다. 후보가 대통령으로서 나라를 어떻게 이끌어 왔는지에 대해서는 아무도 관심을 갖지 않습니다. 정권교체가 일어나지 않는 것도 위기의 이유일 것입니다. 그러나 새로운 상황에 대한 유권자의 이런 무조건적인 거부는 병적인 불안정을 초래합니다.

장 루이 세르방 슈레베르 : 지난 50년을 돌아보면 복지국가가 들어선 이래 가치의 전복이 일어났습니다. 과거에는 보수정당과 진보정당(늘 좌파였지요)이 있었습니다. 그런데 상황이 바뀌었습니다. 21세기 초에는 진보의 가치를 내세운 좌파가 '자유주의' 즉, 개인의 주도권, 개인의 자유, 운명을 결정하고 책임을 지기 위한 개인간 경쟁을 공격했습니다. 청년들이 아무것도 모른 채 보수의 가치를 따르고, 55세에 퇴직하겠다는 목표로 직장생활을 시작한다면 그것은 비극일 것입니다. 가치의 전복은 사람들을 혼란에 빠트립니다. 게다가 거의 모든 선진국이 전염병처럼 앓고 있는 경제 둔화와 함께 일어난다면 더더욱 그렇습니다. 무엇에 의지해서 다시 일어설지 알 수가 없습니다(프랑스는 기술적 재원도, 천연자원도, 신세대도 없습니다). 아시아 국가들의 막을 수 없는 부상은 우리의 경제 균형을 심각하게 흔들고 있습니다. 따라서 위기는 피할 수 없습니다. 지금으로서는 탈출구가 보이지 않습니다. 이 책은 해법을 내놓지 않았습니다. 다만 우리가 이제 더 이상 참을 수 없는 한계에 다다랐음을 경고할 뿐입니다.

프랑수아 드 클로제 : 실패의 길로 가고 있는 것이지요. 그래도 다행입니다. 이 모든 것에는 아주 긍정적인 면도 있으니까요. 경제적인 측면에서 우리는 운이 참 좋습니다. 경제활동인구가 줄어들고 숙련 노동자의 수도 줄어들기 때문에 정년을 60세 이상으로 늦추는 것이 경제에 부담이 되지는 않을 테니까요. 오히려 필요한 일입니다. 운이 좋은 이유는 또 있습니다. 우리는 젊으나 늙으나 모두 일을 버거운 짐처럼 여기고 있습니다. 그런데 경제 위기 때문에 그런 부조리한 생각을 다시 바라볼 수 있게 될 것입니다. 그러면 깊은 우울감에 빠져들지 않겠지요. 인간은 일을 하지 않고 자신을 만들어갈 수 없습니다. 우리가 다시 열심히 일을 하기 시작하면 경제는 우리에게 "잘 됐군. 마침 당신들이 필요했는데!"라고 말할 것입니다. 그런 의미에서 이 위기는 우리에게 이익이 될 것입니다.

상식의 회복

도미니크 시모네 : 지금으로서는 개인의 열망과 사회의 현실이 대립하더라도 그것이 양립 불가능하지 않다는 사실을 강조하는 것이 중

요합니다. 약간의 상식과 지성만 있다면 그 둘을 화해시킬 수 있습니

다. 한 마디로 말해 행복한 장수 사회는 가능합니다. 그것을 가능하

게 하는 일은 우리의 몫이고요.

조엘 드 로스네 : 사회학자 파트릭 비브레[30] 가 지적했듯이 인간에게는 생존과 발전을 위

한 원동력이 있습니다. 그것은 내면의 가치를 기반으로 합니다. 주요

종교가 그 가치를 설파하기도 하지요. "다른 사람을 본받아 나를 만

들어라, 받기보다 주어라, 저 너머의 세상을 생각하라." 삶은 스스로

개척하는 것, 잘 사는 법과 잘 늙는 법, 그리고 잘 죽는 법을 배우는

것도 같은 맥락입니다. 따라서 두 가지가 잘 조화되도록 노력해야 합

니다. 개인적으로 인생을 즐기고, 창의력을 기르고(권력이나 경제력뿐만

아니라 혁신까지도), 그와 동시에 다른 사람을 위하여 지식과 재산을 넉

넉히 재분배하는 것을 받아들이는 것이지요. 인류 전체가 그것을 누

리고 발전할 수 있도록 말입니다. 장수와 죽음을 다루면서 우리가 정

말 문제 삼고 있는 것은 우리 사회 전체와 우리의 미래입니다. 우리

는 더 오래 살고, 우리가 원한다면 서로 더 조화롭게 어울려 살 수 있

는 사회를 새롭게 건설할 수 있는 기회를 지금 손에 쥐고 있습니다.

그것은 아름다운 도전입니다.

장 루이 세르방 슈레베르 : "사회가 이대로 갈 수는 없습니다. 여러분

이 나서야 합니다"라며 정부나 사회지도층에게 책임을 전가할 수도

있습니다. 하지만 역사를 통해 우리는 진정한 사회의 변화는 개인의

변화를 통해서만 가능하다는 것을 알고 있습니다. 개인의 변화가 하

30 Patrick Viveret, *Pourquoi ça ne va pas plus mal?*, Fayard, 2005.

나둘씩 쌓여 마침내 새로운 비전이 생겨나는 것이니까요. 지난 몇십 년 동안 유럽의 평화도 바로 그렇게 이루어낸 것입니다. 전쟁이 일어나지 않았던 것은 유럽연합을 만들었기 때문이 아니라 유럽 모든 국가의 국민들이 폭력을 거부하는 가치를 받아들였기 때문입니다. 그것이 이제는 아주 당연하게 보이지요(그리고 사형제 폐지도 이뤄냈습니다. 아직 일부 국가에서는 사형제 폐지를 당연한 것으로 보고 있지 않지만요). 장수라는 개인의 욕망과 그것이 공동체에 가져올 결과 사이의 모순을 극복할 유일한 방법은 개인의 의식이 깨어나는 것입니다. 그러려면 시간이 걸리겠지요. 아마 한두 세대는 걸릴 것입니다. 하지만 다른 선택은 없습니다.

프랑수아 드 클로제 : 저는 모든 것을 긍정적으로 바라보고 싶기도 합니다. 쓰나미나 전쟁 같은 위기는 마른 하늘에 날벼락처럼 갑자기 들이닥칠 때가 많습니다. 그것은 모두에게 '마이너스'이지요. 모두 원점에서 다시 출발해야 합니다. 지금 우리에게는 놀라운 기회가 찾아왔습니다. 성인기와 노년기 중간에 새로운 연령이 '플러스' 되는 바람에 발생한 위기 말입니다. 그것은 기회이니 우리가 누릴 줄 알아야 합니다. 그 '플러스'는 우리에게 똑똑해질 것을 요구합니다. 노동과 죽음이라는 현실이 없다면 우리는 사회를 건설하지 못합니다. 현재 우리 사회는 노동에도 죽음에도 답이 없습니다. 당근과 채찍 사이에서, 보너스 삶과 폭발의 위험 사이에서, 우리는 문화 혁명을 기다리는 것이 아니라 그저 상식을 되찾을 필요가 있습니다. 그 상식이란, 첫째, 우리는 모두 죽는다, 둘째, 우리는 일해야 한다라는 것입니

다. 이 두 가지 현실을 편입시킬 사회를 건설하는 것이 우리가 해야
할 일입니다. 이 책의 철학은 간단합니다. 위기를 극복하려면 나 자
신에게 기대야 한다는 것입니다. 하지만 혼자서는 위기를 헤쳐나갈
수 없습니다. 우리가 그 과제를 완성하지 못하리라고 생각하고 싶지
않습니다. 도전에 성공한다면 우리는 우리에게 주어진 제2의 삶을
누릴 자격이 있을 것입니다.